风月沉香一条街

王承 著

上海 同济大学出版社

图书在版编目（CIP）数据

风月沉香一条街 / 王承著 . -- 上海 : 同济大学出版社 , 2021.11

（城市风景线 / 王承主编 . 徒步上海）

ISBN 978-7-5608-9982-4

Ⅰ . ①风… Ⅱ . ①王… Ⅲ . ①建筑－介绍－上海－近代 Ⅳ . ① K928.8

中国版本图书馆 CIP 数据核字 (2021) 第 221492 号

风月沉香一条街

王承　著

责任编辑：武蔚 | **责任校对：**徐春莲 | **装帧设计：**完颖

出版发行：同济大学出版社 www.tongjipress.com.cn

（地址：上海市四平路 1239 号　邮编：200092　电话：021-65985622）

经　　销：全国各地新华书店、建筑书店、网络书店

印　　刷：上海雅昌艺术印刷有限公司

开　　本：787mm×960mm　1/16

印　　张：7.5

字　　数：187 000

版　　次：2021 年 11 月第 1 版　2021 年 11 月第 1 次印刷

书　　号：ISBN 978-7-5608-9982-4

定　　价：75.00 元

建筑与城市是人类文明进程中最独特的风景

漫长的时间堆叠中

延展出一条条缤纷的风景线

我们徒步于此

再次触碰历史的余温

一起展望未来无尽的可能

序

城市的风景，抛开烦琐的理论探究，大致可以分为两类：一类是时尚的现代都市风光，一类是斑驳的历史遗存风情。前者是当下建筑审美和技术的直接体现，后者则留存着城市的一段记忆，给予我们一份参照。与自然风景不同的是，城市风景是一种人造景观，或者说，是人在自然基底上的有意识创造。城市风景既有建筑、广场、街道这些纯粹的“人造物”，也包含花草、树木、河流这些自然元素，另外，人的活动也是城市风景中不可或缺的组成部分。城市风景随着城市的发展而不断变化，包含各个时代人们对自然的利用、对场所的理解和对自身能力的发挥……这些信息不断累积，才形成城市现在的模样。因此，欣赏城市风景，从某种意义上说，就是对城市过去和现在的阅读。

作为一名研究建筑历史的专业人员和教育者，我经常思考如何能将专业知识用有趣的形式呈现出来。“专业”与“科普”并非泾渭分明的两条不同道路。精细化的研究，不断地产生新的发现，既补充和完善原有的专业理论，同时也为科普提供更多、更新的见解。阅读城市，并非一定要严苛地以学术的标准来辨析和讨论，借助一些观察方法，可以让每个人都饶有兴趣地开启一段漫游城市之旅。这种方法，不是要将建筑或园林专业中的那些理论罗列出来，而是在错综复杂的城市风景中，切出一个个“剖面”，通过对专业理论适当的介绍和解析，帮助更多人化繁为简地去理解和欣赏其中的美好。所挑选的个体，可能与某个时代的风格和技术有关，也可能基于美学上的一些永恒性原则，甚至仅仅是因为它们经受住了时间的考验……尽管这些个体创作的时代不同、形式迥异，但它们显然是城市风貌和特性的组成部分。通过精心设计的步行线路，作者用穿针引线般的叙述建立起这些个体间的关联，从而将城市中散落的片段，串联成熠熠生辉的“风景线”。

漫游城市的过程需要中国传统的那种“游园”精神：用一种从容、悠闲的心态，将多层次而且复杂的场景转化成一段往复折返的线性体验。“游”字本就有“不固定”之意，旨在提醒人们在观赏过程中应该具有开放的观察视角，以便获得随性的个体感悟。

我很高兴看到建筑师全力参与这套城市建筑文化科普丛书的制作。书中既图文并茂地传达了丰富的有关城市和建筑的专业知识，又能给予读者一些有所关联的艺术启发。随着时代的发展，人们的观念和认知角度也在不断发生变化，但基本的专业知识是正确认知的第一步。这套丛书将带领读者用新的眼光去审视那些习以为常甚至是“熟视无睹”的城市角落，这种眼光上的变化，实际意味着意识上的变化。当知识不再被视为高不可攀的、沉重的包袱时，人们将更鲜活地感受到这些近在咫尺的城市风景所拥有的勃勃生机。

悠々白雲就在這藍天裏。

路秉杰

前言

“怎么欣赏上海建筑？”这大概是我身边非专业的亲朋好友们最常问起的问题。建筑是城市不可或缺的组成部分，城市的风景很大一部分也和建筑关联在一起。我们生活在建筑中，每日又与无数的建筑擦肩而过，它们的光影与传奇，铭刻成我们对这座城市的认知。

然而，对建筑的认知并非一目了然。它为何被设计成这样？建筑的美体现在哪里？时代的发展对建筑有影响吗？建筑细节中蕴含了怎样的历史故事？懂得一些阅读建筑的方法，可以帮助我们更好地欣赏建筑。

这是一本轻松的书，主要关注如何通过阅读建筑的细节和风格来欣赏建筑。同时，我们也要注意到，时代的背景、技术的发展，以及人们的观念……都会在建筑上留下印记。因此，欣赏建筑，既是一次艺术的体验，也是对一段历史的回顾。

本书中所记录的 24 栋建筑都位于上海南京西路。如果说南京东路是热闹的“商业天堂”、外滩是昂扬的“金融世界”、衡复地区是幽静的“居住乐土”，那么南京西路显然拥有更丰富和多元的面貌。如果要以社会及其发展的相似性为依据而划定区域的话，那么南京西路一定是“沪上繁华”的最佳写照——曾经“十里洋场”的笔墨就是在此处加速晕染开来的。“假如你是沿南京路由东而西走的话，走过那些高而又高的房屋、挤而又挤的人行道，穿过了西藏路，马路豁然开朗了，各种车辆的声音也不因为马路的过分狭隘而过分地灌入你的耳朵。你也许会精神一振，于是挺起胸，安步向前。”这段刊登在 1947 年 10 月 17 日《新民晚报》上的文字，恰到好处地说明了南京西路那种优雅中尽显繁华的独特氛围。

南京西路的形成与演变是近代上海在“租界的城市化效应”主导下的典型案例。1862 年，由外国侨民组织的跑马会修筑了从南京东路通往静安寺的东西向道路，作为跑马使用。这条路后来移交给上海工部局（Shanghai Municipal Council，为公共租界的管理机构）进行管理，因为静安寺前有涌泉（Bubbling Well），此路因此被命名为“Bubbling Well Road”，中文名“静安寺路”，即今日的南京西路。当时公共租界以泥城浜和周泾（即今日的西藏中路和西藏南路）为西界，因此南京西路属于修筑在租界之外的道路，这种行为史称“越界筑路”。光绪二十五年（1899 年）公共租界扩界，向西扩张到静安寺，南京西路就此成为租界的一部分。20 世纪初，南京西路两旁不但有各种花园洋房和郊野别墅，也开始出现私家园林（如张园、申园、愚园）、乡间俱乐部、娱乐场所等各种形态的建筑，这一带因环境优美受到时人的喜爱。1914 年，南京西路从西藏中路至石门二路一段路面改换成沥青碎石路面；1927 年，南京西路改换成沥青混凝土路面。这种西式道路的建设大大改善了当时的路面交通状况，随着电车等公交线路的开通，20 世纪 30 年代，静安寺附近成为交通便捷、商业繁华的公共租界西区的中心（1900 年，工部局将公共租界分为东、西、北、中四区，其中西藏中路以西划归西区）。此时南京西路的两侧，昔日的园林、空地及郊野别墅大多已摇身变为商店、洋行、里弄和公寓大楼，南京西路已从“租界的后花园”一跃成为“大都市的消费圈”。本书中挑选的建筑类型非常多样化，它们正是南京西路空间布局与功能变迁的缩影。

“摩登生活”会是这趟旅程带给我们的最大感受——漫步在南京西路上，摩天大楼、电影海报、爵士乐队、霓虹灯火……现实与历史想象不断在脑中叠映。我们将看到，建筑是如何与世界主义的、多姿多彩的生活联系在一起的。这里的建筑曾经与上海的城市化进程联系在一起，那种快速变化正是“现代性”的重要组成部分。

建筑不仅因为自身的独特风格而具有艺术价值，也因为承载着重要的历史文化、寄托着人们的情感而具有人文价值。历史建筑的衰败和重生见证了城市发展的沧桑变化，这赋予了建筑更丰富的内涵。这就是我们阅读建筑的意义。

建筑需要现场体验。现在，就让我们带上书，在城市中徒步，偶尔驻足，阅读建筑。建筑之美将穿越时空，直抵我们内心。

目录

006 序

008 前言

012 老洋房徒步线路图

015 1 一颗甜蜜的糖果

华安大楼（China United Apartments）

019 2 华丽变装秀

西侨青年会大楼（Foreign Y. M. C. A. Building）

023 3 远东第一高楼

国际饭店（Park Hotel）

027 4 远东第一影院

大光明电影院（Grand Theatre）

031 5 都会的满月

上海跑马总会大厦（Shanghai Race Club）

035 6 美丽的“大眼睛”

飞星公司大楼（Star Garage Co.）

039 7 消解中的古典

万国体育总会俱乐部（International Recreation Club）

043 8 运动员之家

德义大楼（Denis Building）

047 9 痛快的大弧线

同孚大楼（Yates Apartments）

051 10 理性与沉稳

卡德大楼（Carter Apartments）

055 11 沪上最早的花园里弄

西王小区（Xiwang Area）

059 12 嗞嗞电流声

上海电话公司泰兴路分局大楼（Former Taixing Road Branch of Shanghai Telephone Co.）

063 13 谦虚的大块头

麦特赫斯脱公寓（Medhurst Apartments）

067 14 弄堂的风

静安别墅（Bubbling Well Road Apartments）

071 15 美轮美奂，琪玉无瑕

美琪大戏院（Majestic Theatre ）

075 16 沉默的城堡

南洋大楼（Continental Court Apartments）

079 17 “裱花蛋糕”

荣宗敬旧居（Rong Zongjing's Former Residence）

083 18 营造“壮观”

华业公寓（Cosmopolitan Apartments）

087 19 闪闪的五角星

中苏友好大厦（Sino–Soviet Friendship Building）

091 20 “中”与“西”在一起

史量才旧居（Former Residence of Shi Liangcai）

095 21 绿房子

吴同文宅（D. V. Woo's Residence）

099 22 孑然的身影

毛泽东旧居（Former Residence of Mao Zedong）

103 23 人间小繁华

爱林登公寓（Eddington House）

107 24 远东第一乐府

百乐门舞厅（Paramount Ballroom）

110 名词解释

118 参考文献

119 致谢

老洋房徒步线路图

本书设定的徒步历史建筑观光路线位于素有“十里洋场”之称的南京路的西半段。24栋功能多样的近代建筑将把你带回昔日“春郊走马，暑夜纳凉”的游娱之境，品味沪上历史特有的醇香。

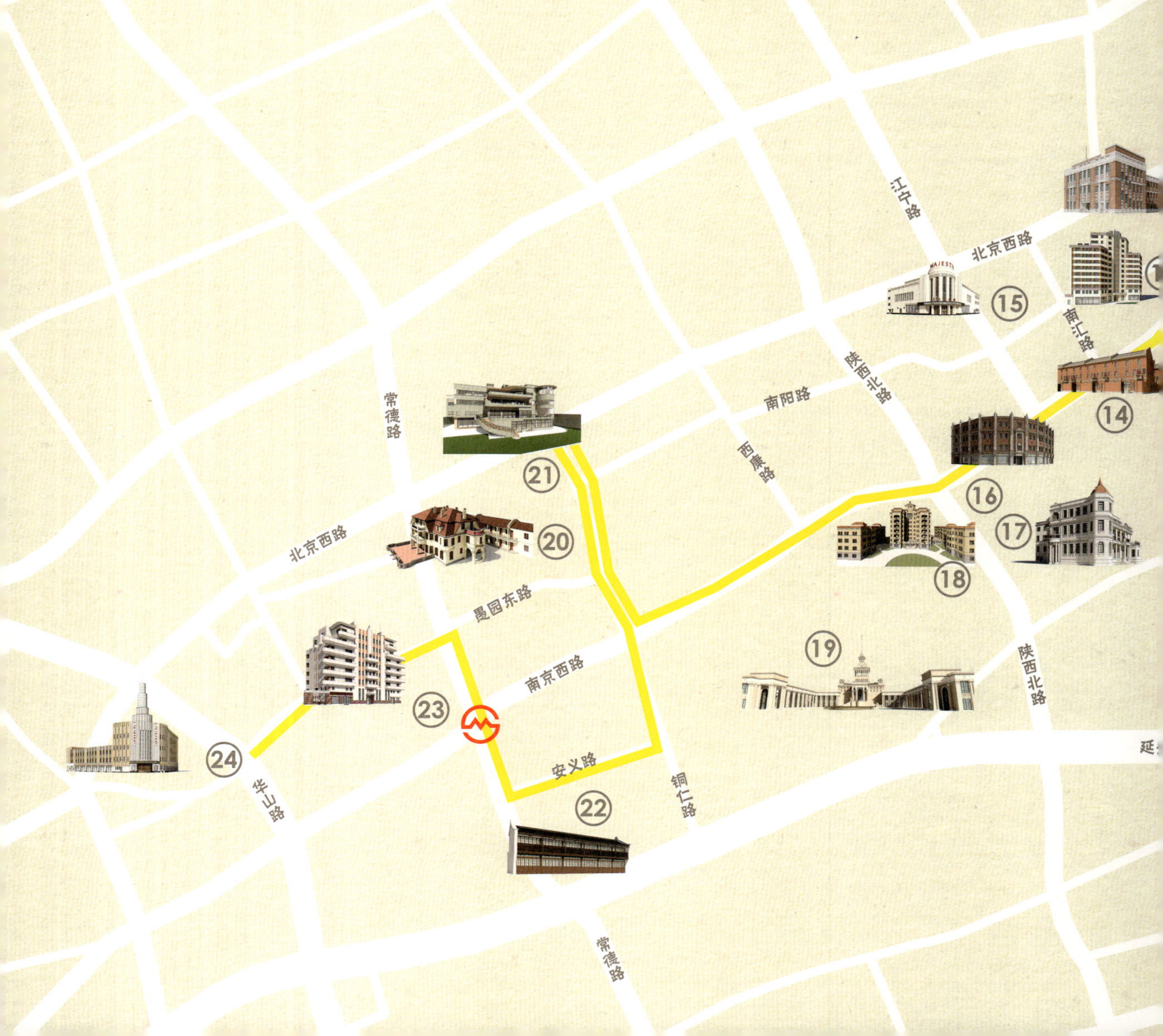

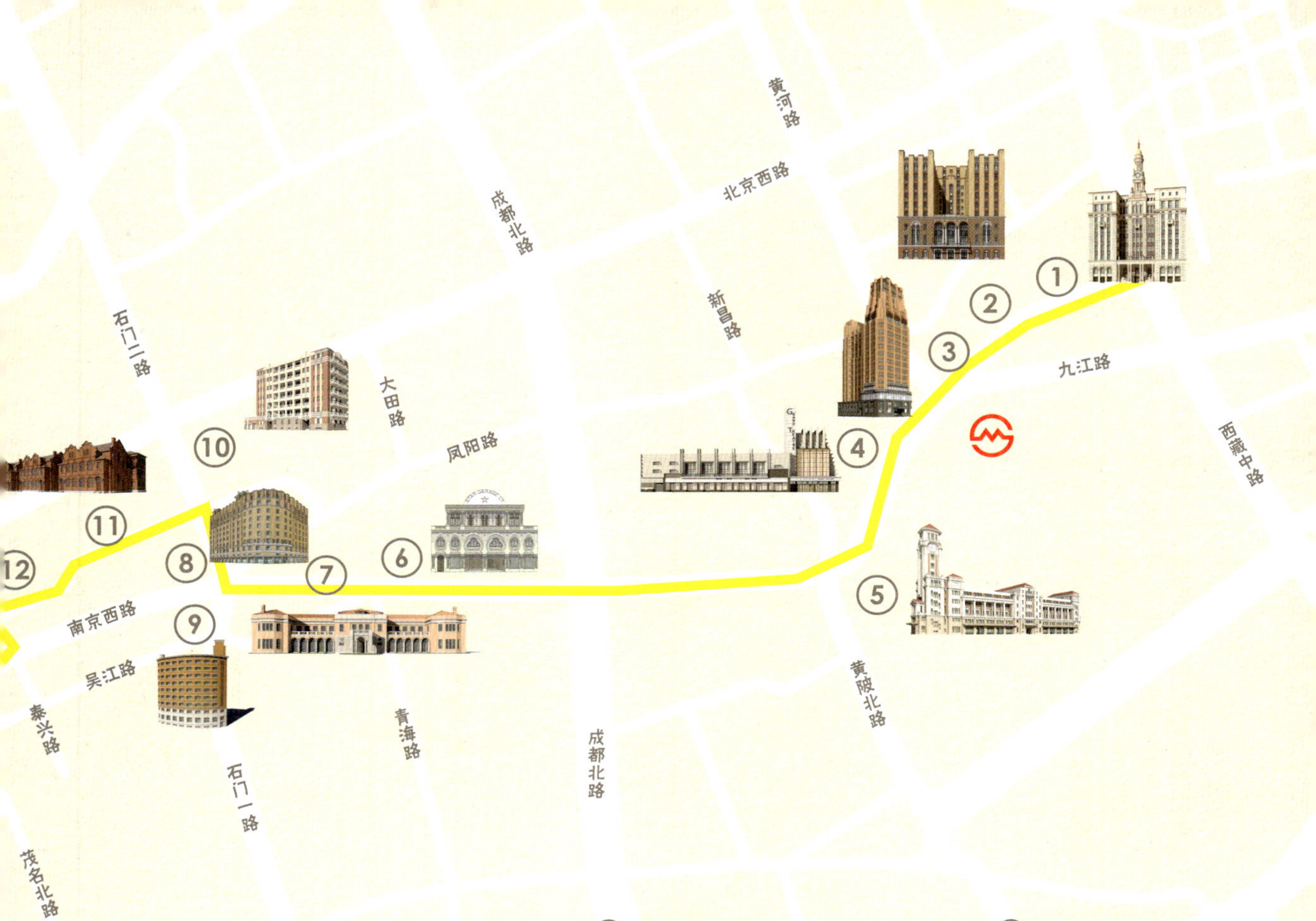

① 华安大楼
② 西侨青年会大楼
③ 国际饭店
④ 大光明电影院
⑤ 上海跑马总会大厦
⑥ 飞星公司大楼
⑦ 万国体育总会俱乐部
⑧ 德义大楼
⑨ 同孚大楼
⑩ 卡德大楼
⑪ 西王小区
⑫ 上海电话公司泰兴路分局大楼
⑬ 麦特赫斯脱公寓
⑭ 静安别墅
⑮ 美琪大戏院
⑯ 南洋大楼
⑰ 荣宗敬旧居
⑱ 华业公寓
⑲ 中苏友好大厦
⑳ 史量才旧居
㉑ 吴同文宅
㉒ 毛泽东旧居
㉓ 爱林登公寓
㉔ 百乐门舞厅

1

一颗甜蜜的糖果

华安大楼（China United Apartments）

地址：南京西路 104 号

建成时间：1926 年

设计：哈沙德洋行

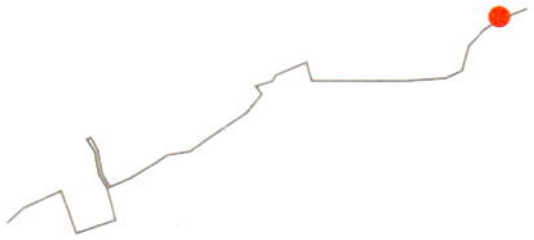

沿着南京东路一直往西走，西藏中路在眼前横贯而过——商业的热浪在此告一段落，而南京西路也将在此接续南京东路，展现它更加丰富的“内涵”。这种“内涵”就以华安大楼作为“序曲”。

华安大楼又名“金门饭店”，原是华安合群保寿股份有限公司建造的总部大楼，1939 年，因财务上入不敷出，建筑的三层至七层被出租出去，开设了金门饭店，成为当时名流云集之处。这栋楼是“一颗甜蜜的糖果”——混合了商场、府邸和酒店的气息，竭力讨好各种需求。它顶上那高高的尖塔是南京东路那些争奇斗艳的尖塔群的延续，也意外地成为这种浮夸做法的休止符。光滑、庞大的正立面上方，三个欣赏风景的小阳台孤单地探出身，正对着当年南侧空旷的跑马场。紧挨着人行道的门廊里，硬是塞进了一对庞大的室外楼梯——因为空间有限而无法伸展自由。这个有趣的设计具有迷惑性，让人无法快速判断真正的入口究竟在哪里。建筑迫不及待想展示的东西太多，显得有些“热情过度”。

该楼的设计者——美国建筑师哈沙德是一位善用混合手法创造乐趣的大师，他会把各种空间堆积在一起，游离在纯粹的商业功用之外，尽情地玩着构图的游戏。如果从功能的角度去看待，这种设计也许有些“芜杂”，但对比南京东路上那些时刻涌动着“商业激情”的建筑，华安大楼更像在扮演一种八面玲珑的角色——它的阳台、入口、楼梯、屋顶……仿佛同时具备“表演舞台”和“观演包厢”的潜能。

这是一栋具有“承上启下”作用的建筑，它一边隔路远观南京东路的“商业热浪”，一边对南京西路那混合着摩登与静谧、繁华与肃然的都市复杂滋味做出最初的诠释。自它而后，南京西路的风华将渐次展开。

3
6
5
1
2
4

❶ 用隅石[1]装饰没有柱式的大墙面，这是最早出现在文艺复兴时期的做法。

❷ 这是一种被称作“毛石砌”的石块砌筑效果。这些石块的边缘做了斜切处理，这样可以让石块间的接缝显得更宽更深，以增加“牢固”“结实”的视觉感受。

❸ 尖塔纤细、高耸，比例似乎有失协调。这是两层叠置的亭式圆形镂空塔，每层都以圆柱廊[2]构成，顶端再加金色穹顶[3]，整体在形式上有过于繁复之嫌。

❹ 用双柱廊形成入口空间，这是一种容易凸显部位重要性的做法。由于这里空间不大，双柱加楼梯的处理使空间更显拥挤。

❺ 由中央一樘圆券窗和两侧较窄的平头窗组成联樘窗，这种形式的窗就是建筑史上著名的“帕拉第奥窗”。

❻ 金门饭店租下三至七层后，在业主的允许下，加建了大楼的第九层作为饭店餐厅。仔细查看这一层与中间尖塔的交接处就能发现加建的痕迹。

1930 年 5 月，“中国左翼作家联盟”在这里召开了第二次全体盟员大会，鲁迅和茅盾都出席了这次会议。

2

华丽变装秀

西侨青年会大楼（Foreign Y.M.C.A. Building）

地址：南京西路 150 号

建成时间：1932 年

设计：哈沙德洋行

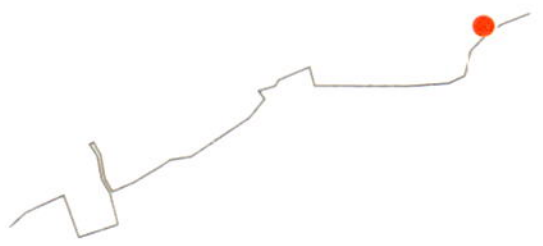

华安大楼设计的成功为哈沙德洋行赢得了设计西侨青年会大楼的机会。基督教青年会（Young Men’s Christan Association，简称 Y.M.C.A）是教会系统下的公益组织，在世界各地城市都有设立，该会宗旨是发展青年的“德育”“智育”“体育”“群育”，倡导投身于社会服务。美国人菲奇（C.A.Fich）等在上海设立“西侨青年会”，为方便会员的各种活动而建造该楼。1928 年，3 层体育场馆先行建成，其中第一层为温水游泳池，第二层为篮球房，第三层为体操房——名副其实的“体育大楼”。1932 年，生活与娱乐功能得以充实和完善，设置了舞厅、台球室、滚球室、酒吧和客房等。

在比邻的国际饭店建成之前，华安大楼和西侨青年会大楼一起勾勒出跑马场北面的城市天际线。当华安大楼摘下高高的“礼帽”，关上深凹的门廊，像一名疲惫的演员那样脱去正装，换上满是细密图案的睡衣时，就变成了西侨青年会大楼。也许是因为建筑师之前的设计太过成功，在这么近的距离里，再次使用凹字形的平面构图时，让这栋“后起之秀”的建筑怎么看都像是华安大楼的翻版，其差别仅在于，去除了后者一切具有舞台感的设计后，用一种让人眼花缭乱的图案包裹住全身。

追随潮流风格的建筑师在任何一个时代都不罕见，大部分人会常随着流行的趋势进行设计的变化；但哈沙德洋行更像是魔术师，能在流行的风格中做出琳琅满目的视觉形象来。这种混合能力，在华安大楼中体现为堆积不同的空间，而在西侨青年会大楼中则体现为天衣无缝地拼接各种风格：把强烈的中轴线与维多利亚建筑 [4] 风格的迷幻墙面肌理、神秘的哥特建筑 [5] 母题糅合在一起，仿佛风一吹，建筑就会丁零当啷地响起来。更有趣的是，建筑师似乎非常迷恋这栋建筑墙面砖的铺贴方式，又一模一样地用在新光大戏院（宁波路 586 号）和中国大饭店（宁波路 588 号）的立面上。

4
2
3
6
2
5
1

该楼中的游泳池是上海历史上最早出现的室内温水游泳池。

❶ 底层外墙砖采用“荷兰式砌法”[6]，局部丁砖拔砌，形成凹凸，与平墙面形成鲜明对比。

❷ 双孔窗[7] 作为建筑立面诸多构图元素中最重要的“点睛之笔”。

❸ 屋顶边缘装饰一排石头雕刻的梁托，以代表屋顶梁的端头，这种做法最早可追溯至罗马风建筑[8] 时期。

❹ 镂空的女儿墙[9] 做法曾经在哥特建筑晚期很流行，这会产生一种建筑与天空融为一体的戏剧性效果。

❺ 与华安大楼同样的设计手法——使用双柱外廊凸显建筑中部的重要性。

❻ 主楼顶部设置了一个奇趣小屋顶，像是将一座罗马风时代的小教堂嵌在了高楼上。

3

远东第一高楼

国际饭店（Park Hotel）

地址：南京西路 170 号

建成时间：1934 年

设计：邬达克打样行

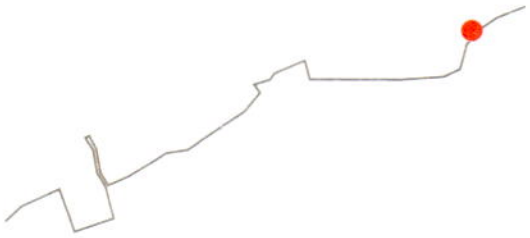

“远东最佳酒店今日揭幕”——1934 年 12 月 1 日，《大陆报》——当时全国发行量最大的报纸之一以 28 页厚的篇幅为国际饭店出版增刊，赫然以“最佳”冠名。确实，这栋楼的配置在当时是绝对领先的：400 根木桩打入地下，最深达到 39.8 米，足以让大楼稳固；深达 200 米的地下水井保证了大楼用水的绝对清洁；二楼的孔雀厅宽敞到能同时举办 500 人的宴会；高速电梯只需要 20 秒钟就能从一层直达十八层；一旦局部空气温度达到 49°C，自动喷水灭火装置会立即启动。此外，这栋拥有当时最先进技术和设备的高楼不仅以其 83.8 米的高度成为这座城市名声显赫的新地标，而且还将这项纪录保持了近半个世纪（1982 年，上海宾馆在建筑高度上夺冠）。

国际饭店源于“四行储蓄会大楼”。1931 年，由金城、盐业、大陆、中南四家银行组建的“四行储蓄会”为树立储蓄会形象而集资建造高楼。在建设过程中，因发现投资酒店的盈利比用作办公更为丰厚，所以大楼建成后，储蓄会实际只使用了其底层及地下室，其他楼面都出租经营酒店，大楼也因此更名。

设计该楼的是沪上声誉卓著的建筑师——邬达克。他曾在 1929 年到访纽约，详细考察了当时纽约的高层建筑，并因此深受美国装饰艺术派[10]的影响。国际饭店的整体造型几乎是美国摩天大楼的翻版；在细节的设计上，邬达克沿用其擅长的体块造型的手法，给上海的装饰艺术派建筑风格增添了现代感。这栋楼的建立奠定了邬达克在远东建筑师中的领先地位。

在上海遍布滩涂的软地基上能建造出如此尺度和规模的高楼是当时建筑技术方面的一项惊人成就。国际饭店用它的尺度和规模直白地宣告着“四行”富足的财力与显赫的地位，而这种“气势”也赋予其使用者一种身份的暗示。在很长一段时间里，能在国际饭店的宴会厅里举行婚礼是这座城市里许多人的梦想。

1
3
5
6
5
2
4

❶ 建筑的 22 层为顶塔，四周环绕玻璃窗，曾租给公共租界救火会设立火警瞭望台。顶塔的圆顶以金色马赛克 [11] 饰面。1950 年 11 月，当时的市地政局以国际饭店楼顶中心旗杆为原点对全市进行测绘，由此确立了上海的城市平面坐标系统。

❷ 国际饭店内外部使用的装饰石材全部为国产货，如建筑基座采用的是青岛崂山黑色花岗岩，上部楼体采用的是深褐色泰山避水光面砖。

❸ 建筑整体强调垂直向线条，上部形体呈阶梯状，层层收进一直到顶端，呈现出高耸且稳定的外部轮廓。建筑仿佛能摆脱重力束缚，不断地往上生长。

❹ 国际饭店原先的入口在建筑东南角的转角处，门厅很小，后来才改到现在这个位置上。

❺ 建筑师用交错的阳台来进行裙房与主楼的形体过渡。并在建筑顶部再次采用阳台进行呼应。

❻ 建筑中段的竖向线条都被特意设计成带棱角的形状，这是为了让大体量的建筑在视觉上显得更加挺拔、“瘦削”。

1937 年 5 月 19 日，中美长途电话开通典礼在国际饭店内举行，宋美龄、宋霭龄参加了典礼，并在十五楼与美国罗斯福总统夫人通电话。

上海大光明院
大光明

4

远东第一影院

大光明电影院（Grand Theatre）

地址：南京西路 216 号

建成时间：1933 年

设计：邬达克打样行

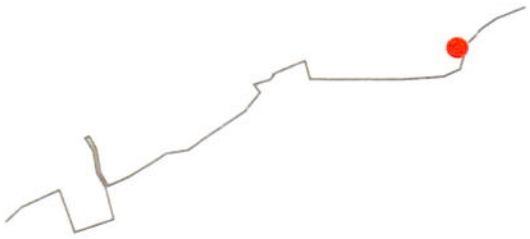

夜深了，十二扇高大的铬合金钢框玻璃大门打开，喧嚣突然打破道路的寂静。像一捧爆米花突然出炉，从门里面“倾泻”出来一千多名华衣锦服的人，伴随着一声声此起彼伏的热烈影评……人们头顶之上，一面巨大的乳白色玻璃灯箱，在三枚 500W 大投射灯的照射下，向周围几公里的夜空打出耀眼的大字——“Grand Theatre”。这一刻，“光明”一词都已无法表达它带给人们的震撼，得再冠以“大”（Grand）字方能配得上这份气势。1933 年，这座拥有 1961 个豪华软座，并且在每个座位后都装有挂钩以方便观影人挂汽水瓶的大光明电影院，成为这座城市新的娱乐中心。

城市与经济的发展，带来沪上娱乐消费业的繁荣。1896 年 6 月 29 日（光绪廿二年五月十九日），上海《申报》广告版“徐园告白”登出告示：“本园于二十日起夜至十二点钟止，内设文虎、清曲、童串、戏法、西洋影戏以供游人随意赏玩。”这是可以考证到的上海最早的电影放映，当时的电影被称为“西洋影戏”。电影出现之初，并没有专门的固定观演场所，一般都是在茶园[12]里放映，因为传统上，中国人有在茶园里边品茗边观戏的习惯。随着电影日渐成为最受欢迎的城市娱乐项目，传统的和新式的戏院生意受到严重冲击。1908 年，上海第一座兼具看电影和看戏的“多功能观演建筑”——可容纳 250 人的“虹口大戏院”建成，一种新的观演建筑类型伴随电影的发生与发展迅速在沪上走红。

大光明电影院不但被用作戏院和电影院，还兼具其他功能。据史料记载，工部局交响乐队曾在此举行音乐会，美国海军陆战队乐队曾在此租场举行礼拜祈祷。这是一个功能灵活且建设标准很高的建筑。大光明在开业之时，就打出了“远东电影院之权威”这样的旗号。1935 年 12 月，西班牙杂志 *Obras* 刊登了德克斯特·莫兰德（Dexter Morand）的一篇文章，文中感慨道：“这家新电影院在亚洲，在中国，（它）既不在欧洲，也不在美国。它证明中国建造的高水准电影院可以与欧洲电影院媲美。”

邬达克在这栋建筑的设计中，着重展现了建筑几何性的轮廓，有意避免了任何装饰，这让它产生了不同于其他多功能戏院的张力和陌生化效果。与它同时代的观演建筑，例如国泰大戏院、兰心大戏院、南京大戏院（今上海音乐厅）等都处于街道转角处，醒目的位置天然就能吸引人们的注意力，而大光明电影院能够在南京西路拥挤、局促的街道旁脱颖而出，确实是与它那新奇、动感又带着表现主义[13]成分的造型分不开的。

❶ 宽阔的建筑正立面，一大半都被用来开设沿街的商店，这让大光明电影院避免了同类建筑常有的那种封闭感。

❷ 这个平面方形、半透明的玻璃招牌高达30.5米，白天是乳白色的，到了晚上灯火通明，非常具有招揽性。这个设计是邬达克反复修改到最后阶段才确定下来的。

❸ 在主入口的雨篷上方，原设计有一座灯光喷水池，因为行人争相围观，导致交通堵塞，后被工部局勒令拆除。

❹ 大光明电影院通过横向体块与竖向体块间的“和谐共生”带来强烈的对比。横向体块之间用弧线造型过渡，具有明显的表现主义风格。

❺ 电影院的二楼立面上做了一个通长的阳台，成为场间休息、观路景，以及观看沿路跑马赛事的俱佳场所。

1939年，作为国际化大都市经典的娱乐设施，大光明电影院为打造更加贴心的视听效果，推出了“译意风”（earphone）服务，这种类似同声传译的设备的使用在当时属国内首例。

GRAND
THEATRE
2
4
3
大光明电影院
GRAND THEATRE

A·1934·D

5

都会的满月

上海跑马总会大厦（Shanghai Race Club）

地址：南京西路 325 号

建成时间：1934 年

设计：马海洋行

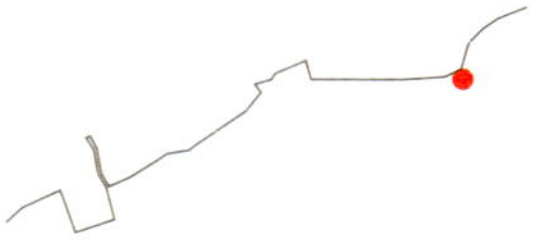

1843 年上海开埠。伴随英国侨民而入的赛马——一种新的体育娱乐活动的开展，1850 年，上海第一个外侨俱乐部——跑马总会成立，以英国人霍格（Willian Hogg）为首的外侨在现南京东路 - 河南中路一带建造了最初的跑马场。1854 年，第二个跑马场在现湖北路 - 北海路一带建成使用。随着地价的上涨，这两个跑马场先后都被卖出。1863 年，在由现西藏中路、南京西路、黄陂北路环绕的 500 余亩地块上，第三个跑马场落成。外围作为赛马的跑道，跑道内侧为运动场。

前后 3 个跑马场位置的不断西移，其面积的渐次增大，既是租界不断扩张的结果，也是赛马从侨民的小团体运动转变为大众娱乐活动的见证，跑马场随之演化为重要的城市公共空间。今天，我们在地图上清晰看到的人民广场和人民公园组合成一个椭圆形状的区域，就是当年租界的第三个跑马场。

在这个跑马场营业的第 71 个年头，迎来了跑马总会新大厦的全部竣工。大厦建筑面积达 21 000 平方米，除了售票大厅、会员包房和餐厅外，还有滚球场、咖啡室、阅览室等，它俨然成为这座城市新的社交场所。每到跑马日，男男女女都盛装出席，而在一位到访的美国游客的眼中，跑马更有着竞技或赌博之外的意味：“这是一处流行的约会地点，在这里，在挑选赢家的过程中，东方与西方真正相遇了。”（A popular rendezvous where, in trying to pick winners, East and West really meet. 美国国家档案馆编号 80349 影像资料）

这栋大厦曾经的几个立面展示了建筑的不同功用：西立面上延绵展开的高大柱廊一下子就把人带入法国卢浮宫般的古典主义时代；斜倚着东立面的层层看台使建筑成为一个喧闹赛事外消隐的背景；北立面（原建筑主入口立面）高耸的钟楼具有将人们从城市的最远处呼唤而来的魔力，而在巨大指针的移动中，钟楼成为一种“现代性”的载体，引发着人们的无穷想象。“……夜夜的满月，立体的平面的机件。贴在摩天楼的塔上的满月。另一座摩天楼低俯下的都会的满月。”（徐迟，《都会的满月》）在这首发表于 1934 年的新体诗里，记录时间的钟带着现代的机械美与准确性，散发出迷人而皎洁的光芒……钟楼使建筑跳出了原有的实际功用，拥有了新的象征意象。

1
2
3
4

❶ 钟楼高达 53.3 米，上覆尖形屋顶，四面设置直径 3.3 米的大钟。大钟上方有巴洛克风格[14]的弧形边檐。

❷ 建筑底层采用花岗石饰面，其余外墙以红褐色面砖与石块相间砌成，在雄伟中透着秀丽。

❸ 建筑西立面上的塔斯干巨柱[15]廊。立面比例严谨，设计成“横三段，竖五段”的古典主义构图。

❹ 这里的卷边形镶板是一种极具巴洛克风格的装饰，其中间为一个蛋状镶板，边上有纹饰或旋涡饰。卷边形镶板作为一种纯粹的装饰性母题，常出现在一座断裂式山花之中、入口上方或构图中轴线上。

❺ 现在建筑立面正中的这处入口曾经是一个通过式的门洞，马匹由这里穿过建筑到达跑马场。

1892 年，上海第一座游泳池被设置在这个跑马场中。1949 年之后，跑马总会大厦曾作为市级博物馆、图书馆和美术馆，使用至今。

6

美丽的“大眼睛”

飞星公司大楼（Star Garage Co.）

地址：南京西路 702 号

建成时间：1918 年

设计：赉丰洋行

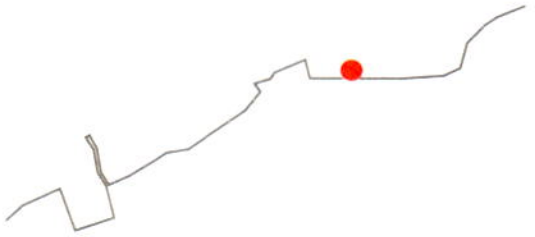

也许是开场曲过于精彩，从跑马总会大厦往西，南京西路出现了一段难得的平静，高架给“十里洋场”的气息按下了“暂停键”。当街道从那种由“高耸”“雄伟”和“豪华”唤起的剧烈心跳中慢慢平息下来时，我们迎头撞上另外一种“绚丽”——飞星公司大楼出现在眼前。它略显羞涩地“躲藏”在一排建筑中间，建筑二层那些由巨大的马蹄形券[16]和尖形券笼罩下的窗仿佛是忽闪着的美丽的“大眼睛”，墙面上细密精致的图案也让人目眩神迷……这些似乎与这座现代化都市的大环境格格不入的品性使它像是一名夺人眼球的“异域来客”，单枪匹马，倏然伫立在由一群肃穆古典风格建筑构筑的十字街头。

飞星公司是 1914 年美国人弗里德曼（Leon Friedman）创办的车行，专门经销英国、美国生产的汽车。自从 1901 年一名叫“李恩斯”（Leinz）的匈牙利人把两辆汽车运到上海，很快，这种混合了速度与激情的新奇事物成为这座城市里身份与时尚的象征。各色车行不断涌现，占据各个繁华市口，并为了招揽顾客而展开铺天盖地的“广告战”。飞星公司不无自信地宣称：“敝行服务乃远东翘楚，阁下到店便知。”（We believe that our service is the best in the Far East. Our best recommendation is a visit to our work shops）正如学者所言：“……这毕竟是一个资本主义的消费世界，所以必须以激起购物者或‘观物者’的欲望为目的，所以必须把各种摆设织成一个吸引大众的壮观场景。”（李欧梵，2017）——这栋特立独行的建筑正是车行最好的广告。

在这里，建筑不再是理想的纪念碑。如果说古典复兴建筑风格在上海的出现，带有西方殖民者的一种骄傲心态和优越心理，那么这座充满异域风情的穆德哈尔式建筑[17]似乎淡化了文化上的高下之分，“一视同仁”地热情欢迎着所有来此处消费的到访者，建筑风格也似乎因此含混了对权势与地位高下的隐喻。

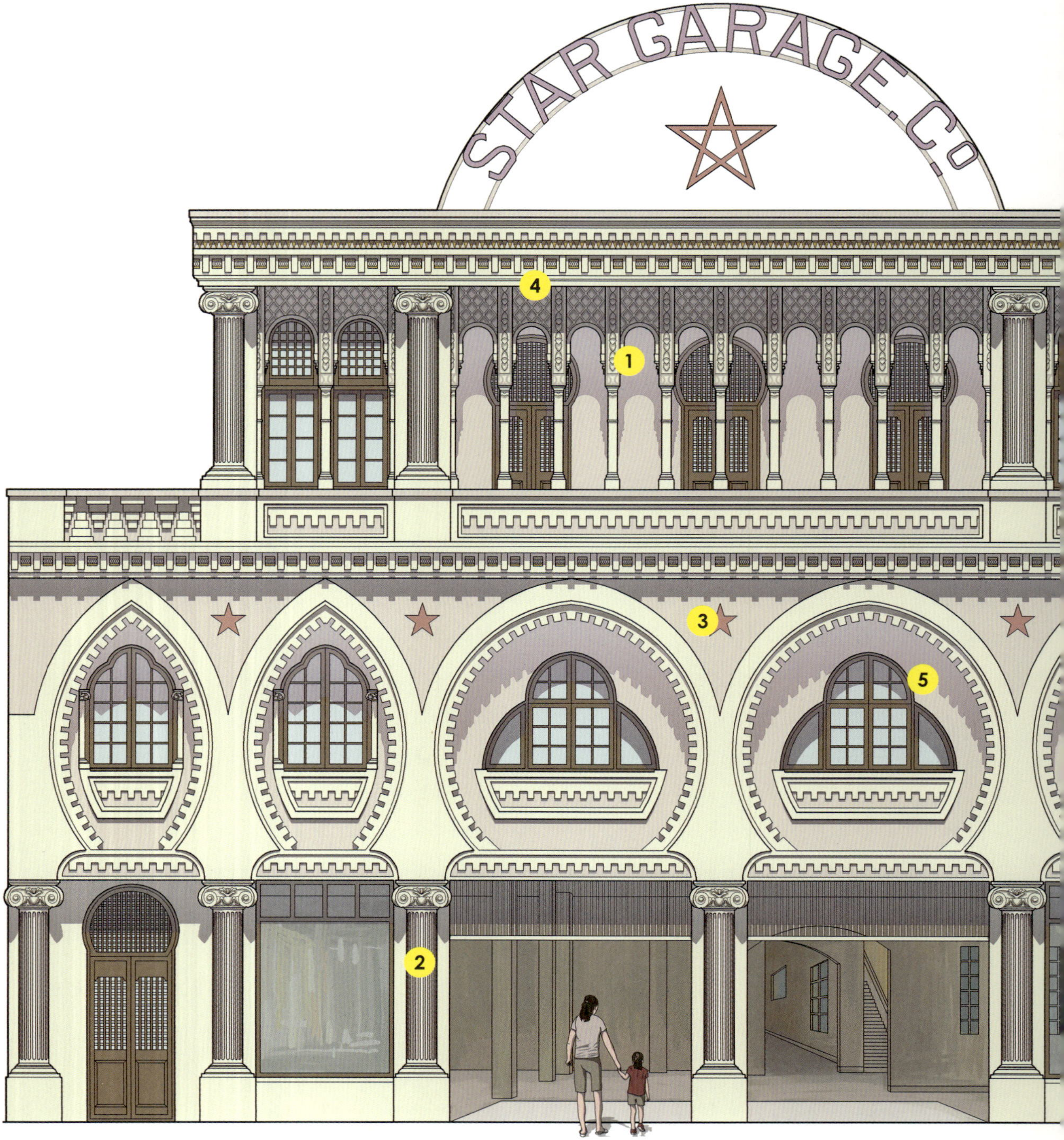

STAR GARAGE Co
4
1
3
5
2

❶ 纤细的柱子上架着饱满的马蹄形券，让建筑顶部显得非常轻盈。

❷ 爱奥尼柱式是立面重要的装饰元素之一，让建筑混合了古典主义的风情。

❸ 墙面上遗留的五角星图案曾经是飞星车行的标志。

❹ 在这种风格的建筑中，不使用立体装饰和人物装饰，而是采用几何纹和植物纹组成复杂的二维图形。

❺ 组合多种形式的券是这种建筑风格的特点之一。如这里在马蹄形券内部嵌入三叶形券[18]的窗。当初，建筑的三楼是一个敞廊，非常具有伊斯兰建筑的特色，可惜后来被封成墙面了。

与飞星公司大楼一样，多伦路 250 号的雷玛斯住宅（Casa Ramos，Ramos Villa）也是典型的穆德哈尔式建筑。

7

消解中的古典

万国体育总会俱乐部（International Recreation Club）

地址：南京西路 722 号

建成时间：1917 年

设计：赉丰洋行

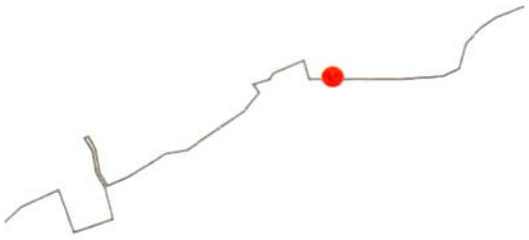

“Club”是上海开埠以后由西方侨民传入的一种社团组织，早期多被译为“总会”，后来被译为“俱乐部”，其中跑马总会是上海成立最早的俱乐部。开辟南京西路之后，因为交通便利又有郊野风光，道路两侧的片区中慢慢成为众多俱乐部建筑“扎堆儿”的地方，例如斜桥总会（Country Club，又名“英国乡村俱乐部”，今南京西路 651 号，现为上海电视台）大楼、“乌鸦公馆”（Ravenscourt，今南京西路 1081 弄内）、同益里海关俱乐部（Customs Club，今南京西路 479 弄 10 号）等。

20 世纪 10 年代的上海，是古典复兴建筑风格的全盛时期，各种公共建筑已经开始有比较明确的建筑样式与类型相对应；但在更加多元的建筑思潮影响下，建筑师对待严谨古典主义的态度也在悄然发生变化。一楼门厅两侧长长的连续拱券，并未做成拱廊[19]，而是封闭成长窗，为室内引入了充足的光线。宽大的沿街立面中央，入口门廊做得精致、小巧，并借用两侧实墙在视觉上延展门廊的横向尺度。二楼外墙向后退，形成前方宽大的露台——这种设计让立面显得松散，古典主义构图法则正在被消解。

这栋建筑追求的不再是对古典主义语汇的创新性使用，而是以一种实用主义的态度，将构件重新排列组合，以便适应新的城市生活——建筑形式的产生更多是为了迁就使用上的便利，华而不实的装饰被大幅度精简。如果不是因为它那超宽的展开面，我们或许真的可以把它当作是一栋朴素自然的帕拉第奥主义[20]的乡村别墅呢。与建筑外观相对照，其室内非常豪华，铺有考究弹簧地板的舞厅使人联想到曾经荡漾在空间中的欢歌笑语。

这栋建筑当年作为万国体育总会的俱乐部，后陆续用作犹太人俱乐部（Jewish Club）、美国海军陆战队第四团的俱乐部（Fourth Marines Club）、美国海军俱乐部（US Navy Enlisted Men's Club）。新中国成立后，这里曾被用作上海市联谊俱乐部、上海政协俱乐部等，基本上延续了原有的功能。

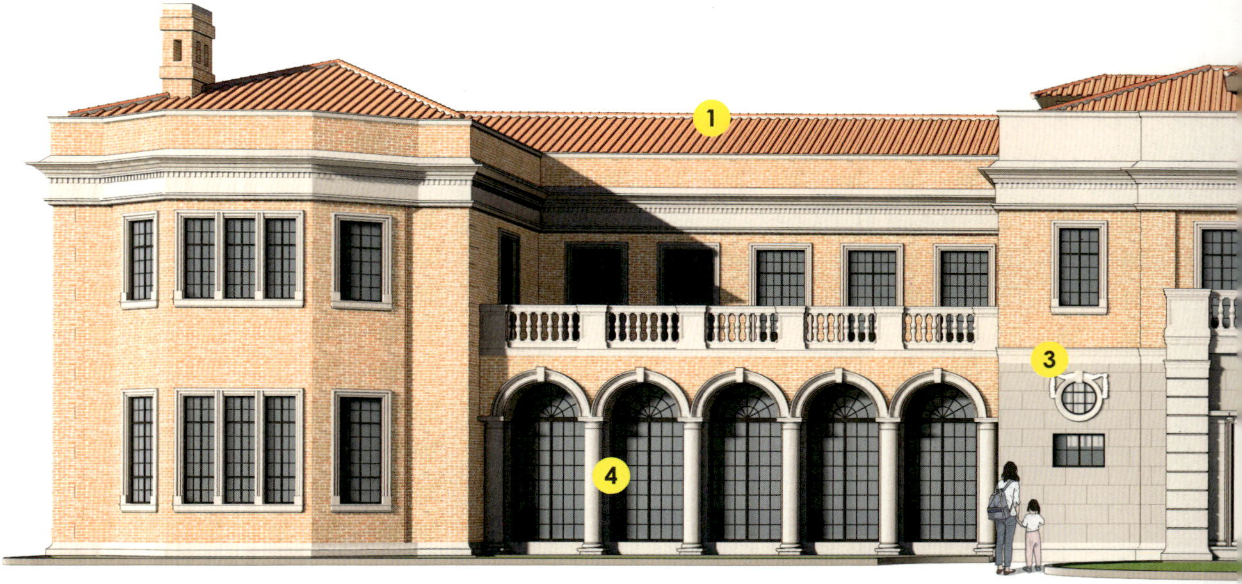

❶ 古典檐部通常用于平屋顶，为了能与之相结合，这栋建筑的坡屋顶坡度被放缓，并且用升高的女儿墙对坡顶进行遮挡。

❷ 中心入口门廊采用帕拉第奥母题 [21] 作为主要构图形式，但是，由于两根柱子之间的距离非常近，削弱了其原有的形式感。

❸ 这是垂花饰 [22] 有趣的变种。花环被搁置在圆窗之上，似乎受到支撑而不再呈现自然下垂的弧线形。这种略生硬而缺乏弹性的线条给古典垂花饰带来了一种别样的趣味。

❹ 为了便于安装窗户，圆柱后面其实紧跟着一段墙。这个细部暴露了形式迁就功能所做的妥协。

❺ 建筑两端以大块墙面形成形体上的凹凸变化，在古典复兴建筑中一贯占主导优势的柱式的作用被削弱。

据说，当年万国体育总会的创始人叶贻铨因为想进跑马总会观看马赛被拒，才愤而创立此会。除这栋建筑外，他还在江湾购进 1215 亩（约 81 公顷）土地兴建了江湾跑马场。

8

运动员之家

德义大楼（Denis Building）

地址：南京西路 778 号

建成时间：1928 年

设计：锦名洋行

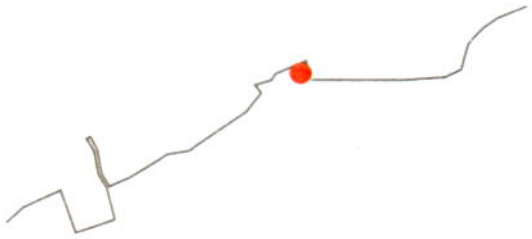

在南京西路 - 石门路的路口转角处，德义大楼以一种上海“摩登时代”特有的意气风发的姿态伫立着。

在老上海的记忆中，这栋楼二层花岗岩的饰带上曾以四尊白色的人像雕塑作为前景——两尊面向街道转角，两尊俯瞰南京西路，而德义大楼本身如同一张满是花纹的“帷幕”，折叠出充满韵律的褶皱，衬托着雕像……岁月沧桑，雕像已不存，留下略显孤寂的“帷幕”，好像是在等待永远不会到场的主角。

大楼的投资者程贻泽因为酷爱体育，决定组织以自己英文名字 Denis 命名的“台尼斯杯”足球赛，为了解决参赛运动员的住宿问题，他在自己位于石门一路、南京西路转角的土地上兴建了 Denis Building，中文名取谐音为“德义大楼”。德义大楼称得上是上海最早的“运动员之家”，是这座城市体育史上不可磨灭的一笔。

装饰艺术派是上海 20 世纪 20 年代末至 30 年代建筑风格的主流，德义大楼是早期的经典之作。由于当时还处在对该风格的摸索阶段，可以参考的案例很少，因此这栋建筑所呈现的探索尤显可贵：建筑立面上既有古典手法中的横向分段，也有装饰艺术派对垂直向上线条的强调，重点部位的装饰图案开始几何化，并采用色彩略有差别的耐火砖[23]增加外墙肌理。在整体上，虽然建筑的外表面凹凸进退很少，但不显沉闷，显示出建筑师高超的设计水平。

1931 年，房主破产，该大楼卖给中国银行，内部格局被重新调整，为银行员工提供住宿。5 年后，同属中国银行的同孚大楼在街道斜对面落成，从此二者彼此呼应，相互守望了近百年。

5
4
3
2
2
2
2
6

❶ 德义大楼是较早的设有单身宿舍的公寓，北侧这一翼是宿舍单元，布置为单元套房和集中式盥洗。

❷ 此四处原来各有一座装饰艺术派风格的几何形石雕人像，取材欧洲神话中与体育相关的故事。雕像在“文化大革命”期间被毁。

❸ 棕色耐火砖的外墙面，这是上海较早以高档耐火砖作为外墙的建筑，之后，耐火砖逐渐得以广泛应用。

❹ 建筑上部的外墙面呈台状内收，窗间墙因窗户的内退而外凸，窗间墙上鲜明的长方形凹龛强调着立面的竖向几何线条。

❺ 这是冲出屋面的电梯机房，在悬挑的屋面板上做坡屋顶成为这个建筑设计中轻盈的一笔。

❻ 建筑二、三层立面之间的图案和线脚使用了抽象的几何形式；但是，精致的细部设计与建筑的主体形态并无太多关联。这从一个侧面点明了“装饰艺术派风格”的装饰性特点。

上海久负盛名的“少年儿童书店”和“南京理发店”曾开设在这栋楼的底层。

ICBC

9

痛快的大弧线

同孚大楼（Yates Apartments）

地址：南京西路 801 号

建成时间：1936 年

设计：陆谦受，吴景奇

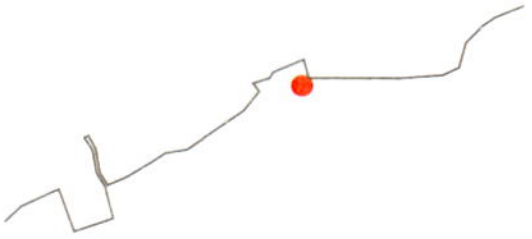

与比邻的德义大楼相比，同孚大楼的体量不够庞大，立面弧线不够饱满，面砖起伏的色泽也不够耀眼，这让人们常常忽略了这栋看似平凡的楼中所藏的峻奇。

石门一路旧名“同孚路”，在其改道之前，同孚大楼处在南京西路、吴江路和石门一路这三条路交会而成的月牙形用地上。该楼是当年国内银行业之首的中国银行下属同孚支行的大楼，底层为营业厅，二至九层为公寓，每层 3 套住房，地下室为锅炉房和银行库房。大楼占地仅 393 平方米，为了充分利用每一寸土地，建筑墙面的大弧线是果决地按照道路的走向做“切圆”切出来的，这让同孚大楼与德义大楼完成了一次默契的配合——两条痛快的大弧线，把两个丁字路口流畅地连接起来，成为南京西路上最漂亮的一段城市空间（石门一路与石门二路原来是错开的，各自与南京西路形成一个丁字路口。2012 年，石门一路向东改道后才与石门二路连接起来）。

在上海，设计同孚大楼的建筑师陆谦受（毕业于英国伦敦建筑学会建筑专门学校建筑系，时任中国银行总管理处建筑课课长）和吴景奇（美国宾夕法尼亚大学建筑科硕士，陆谦受的重要合作者）还合作设计过中国银行虹口分行大厦（四川北路 894 号）、上海中国银行办事所及堆栈（北苏州路 1040 号），以及占地约 30 667 平方米的中行别业（万航渡路 623 弄）——上海近代历史上首个有“社区”[24] 概念的居住区（中国银行的员工宿舍区）。他们二人曾合作撰写《我们的主张》一文，提出“一件成功的作品，第一，不能离开实用的需要；第二，不能离开时代的背景；第三，不能离开美术的原理；第四，不能离开文化的精神”。他们推崇的务实的设计新风格是对现代主义建筑 [25] 的一种反思，即建筑不仅仅是单纯容纳功能的“盒子”，也应该对所处的时代及环境有所回应。

6
1
4
5
3
2

❶ 窗上下方勾勒的细装饰线脚，突出水平向的构图，消解立面狭窄的感觉。

❷ 建筑轮廓其实并不是真正的圆弧，而是根据地形切出来的直面与弧面的结合体。

❸ 地下室原有透气窗，随着城市地坪的抬高，现在已经看不到了。

❹ 竖向条窗顶部以标志性的“塔”收头，从而形成整个形体上的韵律变化。

❺ 原来入口处的大门和门框都设计了以圆形为元素的装饰图案，是这个建筑中唯一有装饰的地方。

❻ 朝南面的转角因为太尖锐，建筑师把它处理成一个圆筒，像一个铰链一样将大楼的弧形面与平直的背面绞合在一起。

陆谦受曾与英商公和洋行合作设计位于中山东一路23号的中国银行大楼，这是外滩唯一一幢有中国建筑师参与设计的建筑。

50
石门二路
崇明农产品区域公共品牌

10

理性与沉稳

卡德大楼（Carter Apartments）

地址：石门二路 50—60 号

建成时间：1931 年

设计：工部局工务处

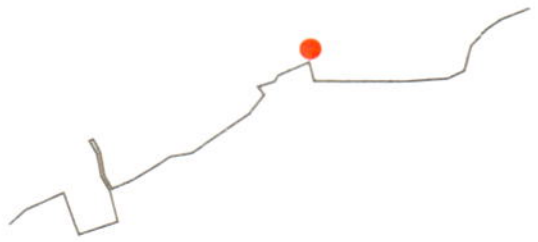

巡捕房是上海租界里的警务机构。1855 年，公共租界河南中路上出现了上海首个巡捕房，从那时起到 1943 年租界被收回，公共租界里先后建有 14 处巡捕房。据统计，从 1855 年至 1941 年，巡捕房的经费占公共租界工部局年度预算的 40% ～ 50%。1869 年，工部局越界修筑卡德路（今石门二路）。1884 年，工部局在卡德路建立巡捕房，作为工部局在界外设警管理的开始。随着城市发展和人口增长，巡捕房的数量逐步增加，在城市中的分布也更加均匀。1901 年，增设静安寺巡捕房（建筑地址在今愚园路 172 号）和新闸巡捕房（建筑地址在今北京西路 295 号）；1909 年，增设戈登路巡捕房（建筑地址在今江宁路 511 号）；1934 年，增设成都路巡捕房（建筑地址在今成都北路 360 号）。客观来看，巡捕房及其延伸的警力在当时发挥了维持地区治安和秩序的作用，在一定程度上保障了城市化进程的顺利发展。

免费住宿曾是那个时代上海巡捕的一项福利待遇。随着巡捕人数的增加，建造独立的巡捕公寓成为必然，并且慢慢开始有了不同档次的巡捕公寓。位于今天成都北路 337 号的新城大厦，当年是供低职位巡捕居住的。“回”字形平面布局的中央空地可以用来集合警队，室外楼梯和走廊的设置方式方便提高出警速度。这种巡捕公寓类似集体宿舍，居住的舒适性和私密性[26]一般。因卡德路而得名的卡德大楼属于高级巡捕的公寓，它的平面布局与当时开发的商品公寓楼基本一致，室内配备定制冰箱，房屋品质完全可以与当时市场上的豪华公寓相媲美。

从卡德大楼的外观上，我们能找寻到条理分明的设计逻辑。在建筑沿街西立面的中部与转角，既有白色涂料与红色饰面砖[27]间颜色和质感的对比，也有阳台与窗户形成的虚实穿插关系，而红色饰面砖上的纵横向装饰带又在所有建筑元素之间建立了视觉上的关联。这栋建筑像是德义大楼与同孚大楼的过渡形态，竖向与水平向线条和谐地组合成一个整体。如果与后面我们将看到的几栋公寓相比，它比麦特赫斯脱公寓俊朗，比华业公寓质朴，比爱林登公寓端庄，别具一份符合其内部使用者气质要求的沉稳与干练。

❶ 红色饰面砖中间隔有水泥粉刷的竖向和水平向的装饰带，让人联想到当时的警徽。

❷ 建筑西立面上的阳台全部设计为内凹式样，使平整的立面上“不动声色”地发生着变化，显得十分低调又不呆板。

❸ 建筑南北立面上都是通长的凸阳台，与西立面形成强烈对比，也消解了体量上的沉闷。

❹ 因为紧邻道路，入口做成深凹的样式，这样不用设置雨篷，保证了外立面的整体性。门洞周边以斜面过渡，饰以“之”字形装饰带。

❺ 顶层竖向的装饰构件清晰地呈现出这栋建筑拥有的上海装饰艺术派风格特征。

当年卡德大楼附近有著名的夏令配克影戏院、卡德池浴室、凯司令面包房等，生活非常便利，是首屈一指的繁华街区。

5
1
2
3

11

沪上最早的花园里弄 [28]

西王小区（Xiwang Area）

地址：奉贤路 68 弄 40—52 号、80—92 号

建成时间：1907 年

设计：不详

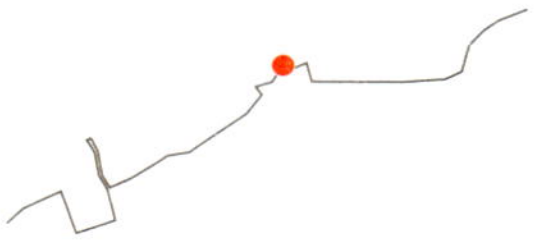

历史上，这一区域被称作“王家库”。在住宅建成后，由于弄堂内广植花木，时人惊讶于此地植物之茂盛，故称之为“王家库花园弄”。建筑为进深很大的联排住宅，外观采用清水砖墙 [29]。住宅南立面使用连续券的构图，具有鲜明的殖民地外廊式建筑风格 [30]。

西王小区是研究上海里弄住宅 [31] 演变的很好的实例。里弄住宅的变化可以沿着三条线索去考察：一是布局形式的变化，从每一户占地的大小、开间的多少、是否有花园等信息可以形成一种变化的脉络；二是材料的变化，例如清水砖墙的材料总体是从青砖向红砖转变，房屋木制构件逐渐被混凝土构件和金属构件所代替；三是风格的变化，总体上是从早期的殖民地外廊式转向更加纯正的古典风格。以上三条线索在此处都有很清晰的呈现。西王小区既是上海现存最早的花园里弄，也是拥有沪上至今难得一见的殖民地外廊式住宅的地方，另一处与之相同建筑风格的实例是溧阳路 1156 弄住宅（建于 1914 年）。

如果说，这种类似别墅的花园里弄用它鲜亮的色彩和优美的花园含蓄地表达了设计者与居住者对乡间情趣的追求，那么我们也要看到，这种闲逸之情其实离不开城市设施的完善。早在 1900 年，即此地刚刚纳入公共租界的第二年，工部局就在着手完善南京西路上的照明设施，路灯让夜晚的街道明亮起来。1908 年 3 月 5 日，上海第一条电车通车，西起静安寺，向东沿着北京西路，到卡德路转弯向南——线路正“紧贴”在西王小区的围墙外……在电车的叮铃声中，此地飞速地从乡间蜕变为闹市。

著名的美国记者艾格尼丝·史沫特莱（Agnes Smedley）曾居住于此。

❶ 三层顶上并置两户的山墙形成强烈的视觉中心，上面呈现出多种细节变化，例如砖砌的细壁柱、檐口和花饰等。这种对山墙面的重点装饰性处理表明殖民地外廊式建筑风格的影响已经有所减弱。

❷ 主楼用红砖砌筑，副楼用青砖做主要墙体材料，配以红砖装饰腰线。

❸ 木制阳台，其下方有一根很大的斜撑，这种做法更多见于中国传统木构建筑中。

❹ 15—16 世纪，制砖技术的进步让高耸的烟囱得以广泛应用。烟囱显示出住宅主人不容低估的身份和实力。这种炫耀性展示烟囱的风尚在上海一直延续到 20 世纪初。

❺ 建筑的入口并未做大幅度的彰显，上方白色的拱檐线脚和涡卷形托座既延续了立面上连续券的形式，又恰到好处地勾勒出入口形象。

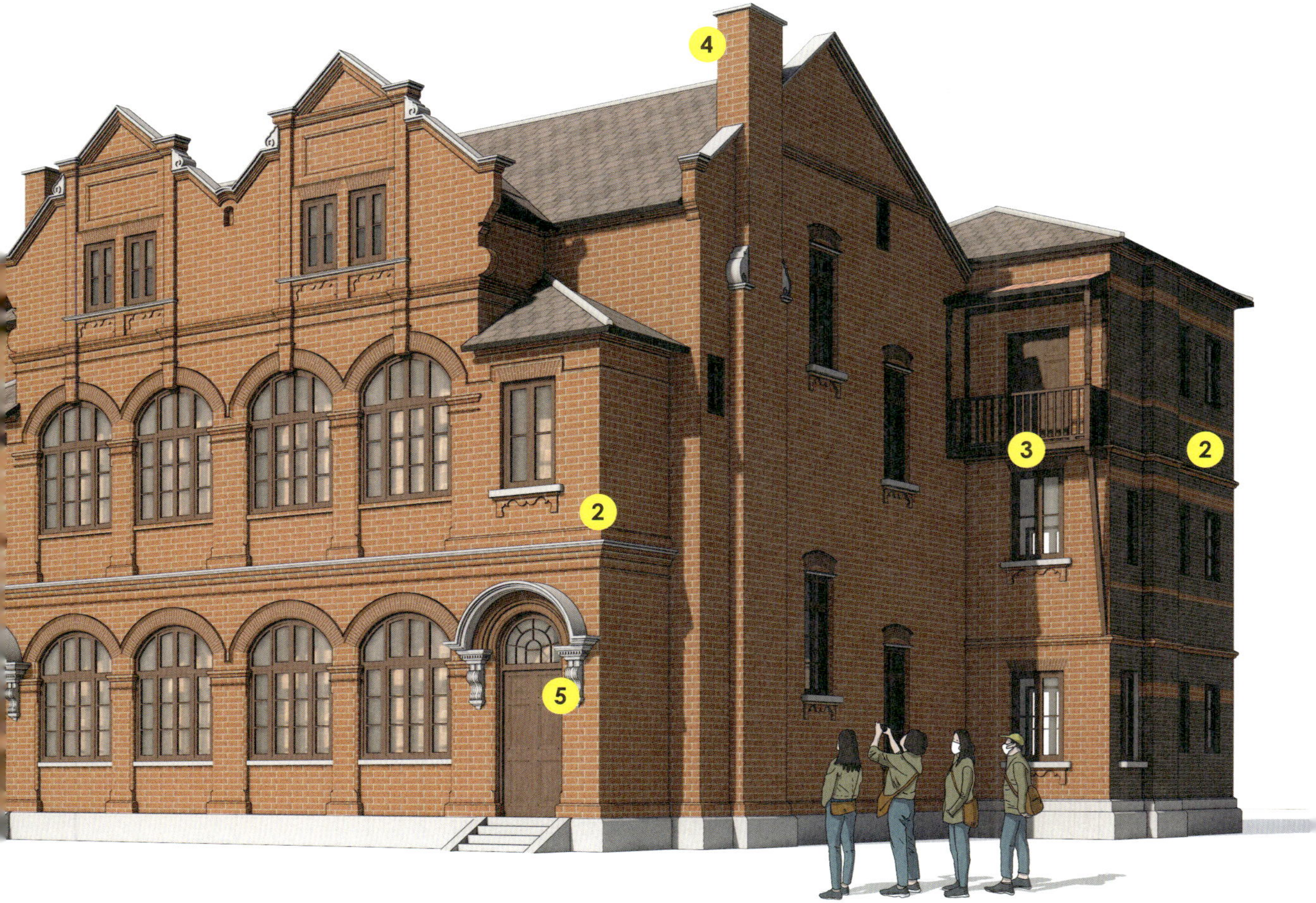

12

嗞嗞电流声

上海电话公司泰兴路分局大楼
(Former Taixing Road Branch of Shanghai Telephone Co.)

地址：泰兴路 230 号

建成时间：1931 年

设计：通和洋行

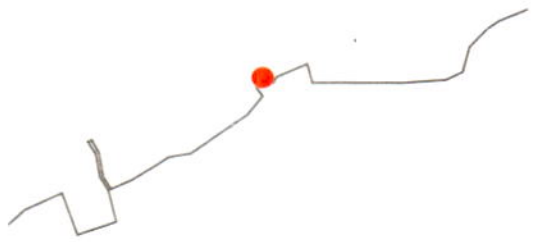

上海的市内电话开始于 1881 年。次年，第一个人工电话交换所在外滩 7 号设立，从此上海多了一个“洋泾浜英语”——“德律风”（Telephone）。虽然报纸早就开始绘声绘色地报导电话的神奇，感叹“以口互相传话，两处听之，宛若面谈”（《申报》，1878 年 7 月 22 日），但总的来说，普通百姓接触电话的机会很少，及至 1922 年版的《上海指南》中，都还有名为“租界德律风之用法”的使用说明。不过，随着在头顶上横空而过的电话线逐渐随处可见，带给大众无穷的想象——“不须鲤寄与鸿传，电线音驰万里天。两地语音传顷刻，胜于羽箭疾离弦。”从这首佚名竹枝词里可以看到，新时代的德律风无论在信息传递的有效性上还是速度上都已经完胜当时国人传统理念中代表速度的意向物了。

有趣的想象和表达还隐藏在与电话相关的建筑设计中。与当时其他一些装饰艺术派风格的建筑不同，上海电话公司泰兴路分局大楼没有那种明显的向上延伸的竖向构图，而是用极简单的几何图形作为其立面的主要装饰：三角形、菱形、矩形、圆形，它们各自构成了一种类似“点划线”般的奇异效果。窗户侧边一溜溜向上的三角形箭头饰，其“急促”的排列方式让人想起拨电话时发出的“嗞嗞”声；建筑上方檐口处的圆形饰或许象征沿街伫立的一根根高举着电话线的木线杆；在窗下方的饰板中，硕大的白色菱形块像钻石一样正向四周“闪烁着”电讯号的“光芒”……这些有趣的图形虽然彼此隔开并没有交集，却似乎一起受到了电流的激荡，要在这栋建筑那红色与灰色交织的外表皮上“发声”。

1901 年，在公共租界中，上海西区第一个电话交换所在南京西路 - 石门二路转角处设立，两年后撤销，并入中央交换所（汉口路 14 号）。1915 年，由于电话业务的蓬勃开展，在南京西路 - 凤阳路转角处再次设立西区电话交换所。1931 年，美商西区自动电话交换所大楼（即现泰兴路电话分局大楼）建立，容量 6000 门的自动电话交换机也迅速投入使用。至 1949 年年底，此处容量已达 1.36 万门，成为当时上海电话公司容量最大的分局。

电话作为公用事业的发展从侧面显现出上海国际大都市化的轨迹。这栋理性、清晰又充满细节的建筑正是这段历史的见证。

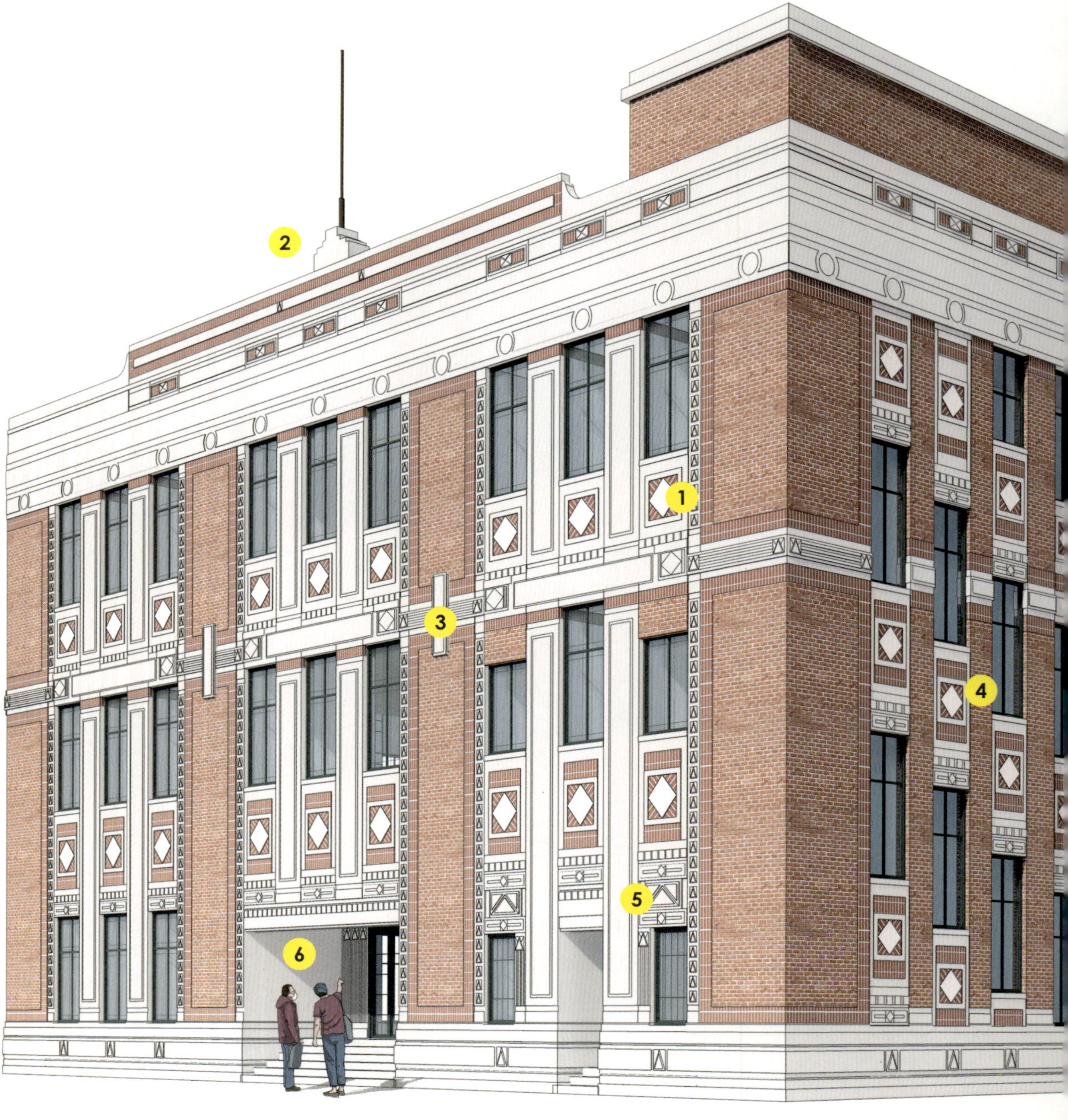
1
2
3
4
5
6

❶ 两个内接正方形图案及其相关元素成为将整个建筑外立面统一起来的“装饰母题”。根据窗户上下墙体的不同高度，这个“装饰母题”也会发生相应的细节调整。

❷ 建筑主入口立面顶部微微高起，含蓄地强调此处的重要性和中心感。

❸ 这两处竖向的装饰块，与我们熟悉的其他装饰艺术派建筑中的竖向构件相似。

❹ 窗户位置在立面上有规律的抬升表明其内部空间中很可能设置的是楼梯踏步。

❺ 各种三角形的图案设计清晰地传达出“闪烁”的动感。

❻ 内凹的入口自成门前的缓冲空间，既可以有效避免外伸的雨篷侵占道路，也可以让建筑显得更加敦实。这种做法与卡德大楼相似。

“先将电铃急摇一转。然后将听筒从架上取下。置在耳旁。等候接线人答云。“请问几号。”于是告以后欲接之号码。譬如欲接一五五五五号。则将五个号码一一说出“一－五－五－五－五。”一俟闻有彼方回音。即自报姓名开话。”——摘自《租界德律风之用法》

13

谦虚的大块头

麦特赫斯脱公寓（Medhurst Apartments）

地址：南京西路 934 号

建成时间：1934 年

设计：新瑞和洋行

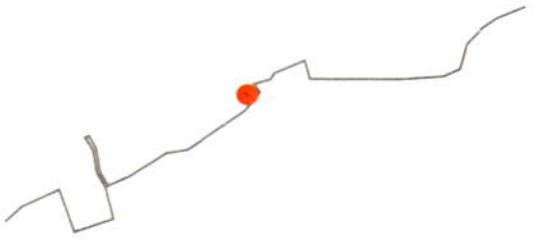

早在 1921 年，上海公共租界工部局有人断言：“麦特赫斯脱路（以英国传教士 Medhurst 命名，即今天的泰兴路）和茂名路附近必定成为人口繁密的区域。工部局必须及早做出道路计划，以便在一些大块地产被卖给开发商时可以征地。”（公共租界工部局档案，U1-14-4679）虽然整个 20 世纪 20 年代，这里遍布的只是一些低矮的里弄住宅。

在建造这栋公寓的时候，建造商新申营造厂不无炫耀地在杂志上刊登广告，在其广告的配图上，麦特赫斯脱公寓（今更名为“泰兴大楼”）犹如一只双手垂地的大猩猩，蹲在南京西路 - 泰兴路的转角处。画面下方，赫然写着“上图为本厂正在建筑中之麦特赫司（斯）脱公寓，允为静安寺路上最宏伟之公寓建筑”的字样。虽然 1929 年建成的华懋公寓（长乐路 - 茂名南路口，今锦江饭店北楼）已经有 13 层 57 米高，但当时能在上海建造 10 层以上的建筑依然是一种拥有超级实力的象征。

麦特赫斯脱公寓楼高 12 层，敦实厚重。建筑的可贵之处在于沿道路转角不再使用传统的外凸弧形墙面（如德义大楼），而是改为折线形的内凹式，为路口转角留出了一块小小的广场，从而有效缓解了沿街建筑对道路的压迫感，也让这个“大块头”显得很谦虚。

20 世纪 30 年代的上海，公寓成为新的居住时尚，随之而来的是一种高密度的现代生活方式。美国人霍塞在《出卖上海滩》一书中写道：“大部分的上海先生们都已移居于近几年来所新造的大厦公寓里边。这种公寓，有几所就在市中心的附近，租价既很便宜，进出又甚便当，而设备上也很完全。里边的窗户很大，所以亮光和空气也很充足，里边并有着电气冰箱，电扇等的装置。”

公寓生活的舒适性离不开电冰箱、电风扇等现代化的家居设备，这些设备也毫无疑问地改变了传统的生活形态，我们将在后面的爱林登公寓重新对其进行审视。

1934 年，竣工的麦特赫斯脱公寓并不孤单，南京西路上还有另外两栋高层建筑也在这一年完工：24 层高的国际饭店在其东面约 1000 米处，10 层高的华业公寓位于其西边 500 米开外。这些庞然大物的拔地而起表明南京西路一带已经飙升为这座城市新的“黄金地段”。1921 年的预言已成真。

4
3
2
5
1

❶ 这栋大楼兼有住宅和办公的功能，街角留出空间辟小环岛成为港湾式汽车通道。

❷ 大楼中部采用细长窗强调立面上的竖向线条，有意地与建筑的其他部位形成设计形式上的反差。

❸ 在建筑立面上，深色砖饰面与浅色涂料交替使用，墙面形成基本等宽的横向分隔。这是这一时期常用的设计方法。

❹ 横向的多重线脚与竖向的多道装饰板相互交织，清晰地呈现出装饰艺术派风格在沪上的“最后辉煌”——只有局部的话语，不再是完整的风格。

❺ 底层留出了大量沿街面用作商业功能，住宅的入口并不明显。

麦特赫斯脱（W.H.Medhurst）是近代最早来沪的传教士之一，也是对上海影响很大的人物之一。他在上海创立了仁济医院以及中国第一家近代出版社——墨海书馆。墨海书馆编辑出版的《六合丛谈》是近代上海第一份中文杂志。

上海市民
健康公

14

弄堂的风

静安别墅（Bubbling Well Road Apartments）

地址：南京西路 1025 弄

建成时间：1932 年

设计：华中营业公司

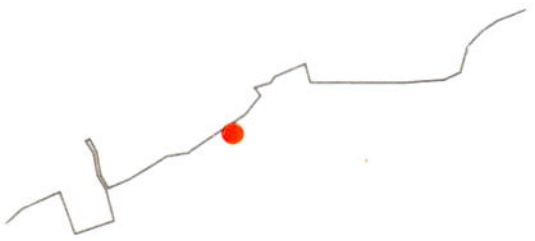

里弄住宅是上海居住史上的重点篇章，恬淡的特质使其常常退居这座城市形象的幕后，但里弄住宅是城市生活最广阔的基底，是普通市民的家。在密密匝匝的里弄里，寄存了无数平凡之人心中所藏的冀望与梦想。

静安别墅是迄今为止上海最大的新式里弄[32]。里弄中的主弄曾名为“HWA KEE Avenue”，俨然是城市街道的一部分——每天，居住在 183 幢楼里的人们都会通过 24 条 5 米宽的支弄汇聚到这条 6 米宽的南北向通道上。这片建于 20 世纪 30 年代的住宅群革新了旧式里弄[33]一些经典的形式——用低矮的围墙取代了高高的院墙，用轻巧的铁门取代了厚重的石门框和黑漆漆的实木大门……这些改变让里弄显得不再那么封闭，这些改变意味着更加开放的居住方式、更高档的居住环境和对治安的信心。

里弄住宅从来不是单纯的居住空间，它的布局方式使其有足够的弹性来根据需要变换功能。里弄内外丰富的公共生活正是蕴藏于烟酒店、杂货铺、小旅社、弄堂律所、客堂（上海话中的客厅）兼诊室等多样化的使用功能之中。当时，静安别墅的住户多为华人，但西式的生活配套设施已屡见不鲜，例如下页的那张老照片上，弄口的那家“精美洗涤公司”，英文行名为“Hollywood Dry Works”，正是侨民开设的洗衣房。

上海人常把里弄称为“弄堂”，意味着那些室外巷子像是扩大了的“客堂”。这让里弄有了更多的邻里之间的人情滋味，里弄住宅的魅力就在弄堂中。“她到了窗前，揭开了那边上缀有小绒球的墨绿洋式窗帘，季泽正在弄堂里往外走，长衫搭在臂上，晴天的风像一群白鸽子钻进他的纺绸裤褂里去，哪儿都钻到了，飘飘拍着翅子。”（张爱玲，1992）大概只有上海的弄堂才具有如此的风情吧。

❶ 大门两侧的砖砌门柱较高，柱顶部带有混凝土装饰，与铁门相呼应，形成了与旧式里弄石库门迥异的入口效果。

❷ 围墙仍高于人的视线，但远低于一层层高，旧式里弄住宅中的天井变成了前花园。

❸ 配有备餐间的大餐厅外墙面上是精致的帕拉第奥窗，这意味着此地住宅细部的设计更趋于西化。

❹ 建筑外墙为红砖清水砖墙，外观上没有大的造型上的变化，只在门窗洞口处配以混凝土线脚装饰。

❺ 拥有烛台式栏杆的阳台下采用高大的涡卷形托座装饰，使建筑具有了些许巴洛克风情。

❻ 两户之间的山墙高出屋面，一旦发生火灾，能够起到一定防止火势蔓延的作用。

民国名人于右任，曾居住在静安别墅11号。

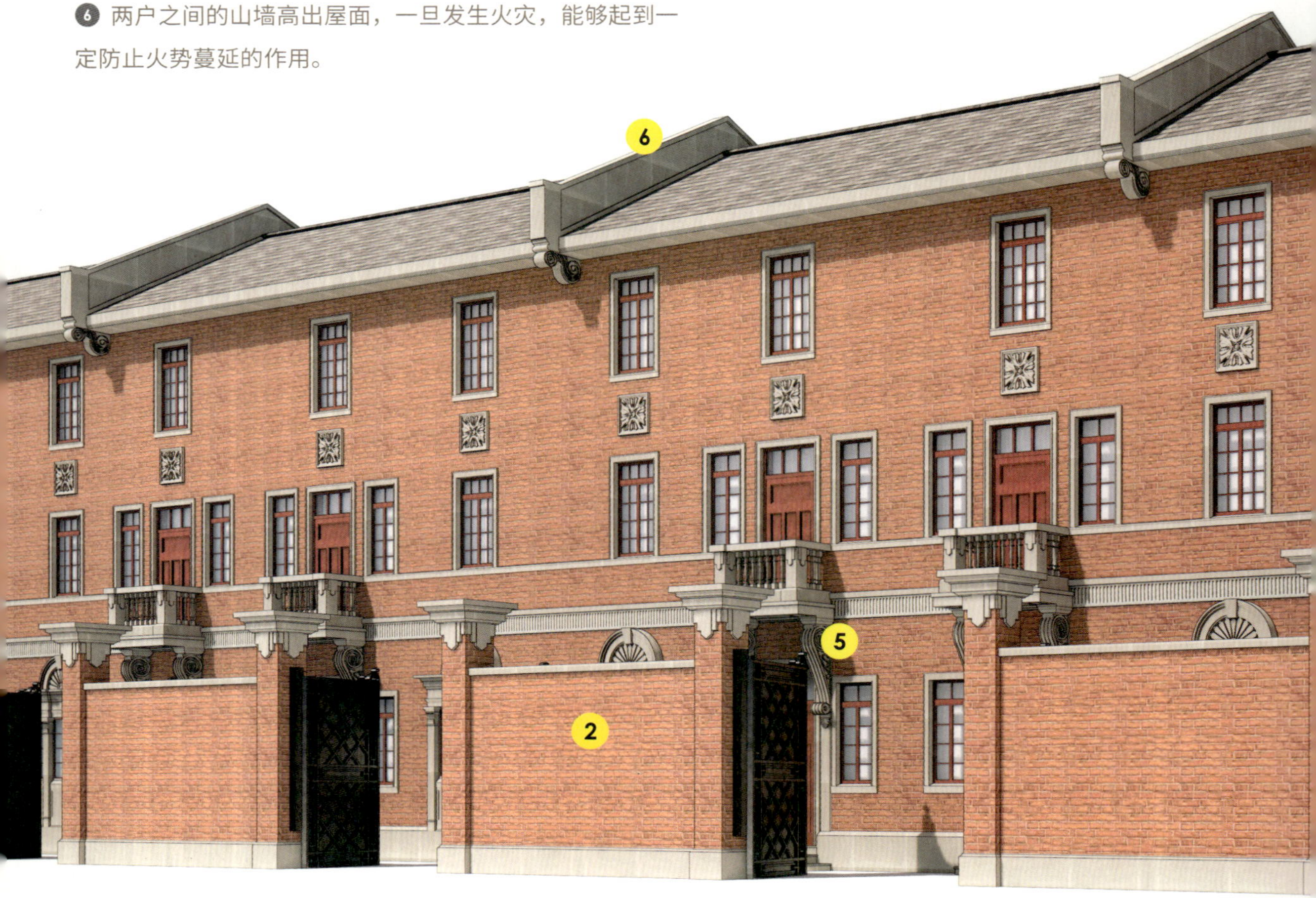

4
1
3

MAJESTIC
2020
共渡难关
SHANGHAI
2020
自我防护
HU BEI
2020
打好防疫攻坚战

15

美轮美奂，琪玉无瑕

美琪大戏院（Majestic Theatre ）

地址：江宁路 66 号

建成时间：1941 年

设计：范文照建筑师事务所

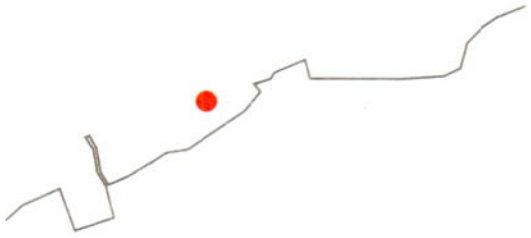

1937 年 11 月，上海沦陷，除租界外全部被日军占领，人们称此时的租界地为“孤岛”。直到 1941 年太平洋战争爆发的四年间，由于相对太平的环境，人们蜂拥而入，使得租界内的生活日益兴旺。此时，上海的建设项目数量锐减，但具有讽刺意味的是，由于畸形的“孤岛繁荣”，租界内的娱乐业得到了极大发展，电影院、戏院、游乐场和舞厅等被密集地建造起来。美琪大戏院是老上海第一流的电影院，1941 年由上海亚洲影院公司投资兴建，以演大型舞剧、歌剧、音乐为主，兼做放电影之用。因为正巧建在原大华饭店（Majestic Hall）旧址，所以影院取名“Majestic Theatre”，并向社会公开征求中文名——这竟然成为当时巷议街谈的一件盛事，据史料记载，仅 6 天就收到应征信 2000 余封。最终中选的中文名为“美琪”——“美轮美奂，琪玉无瑕”之意。

这座建筑的设计师范文照是中国近代著名建筑师。他曾积极倡导中国古典复兴建筑 [34]，在 1934 年与他人合作出版《西班牙式住宅图案》一书，推动了西班牙建筑风格在上海的传播。范文照在日本人占领时期仍然在上海执业，美琪大戏院就是其在上海“孤岛时期”的设计作品。当时的租界虽然身处战火之外，但时代的大环境仍然在建筑上留下了印记——摩登时代常有的那种轻浮感褪去了。建筑比较封闭，在两面沿街立面上，窗开得很少，唯一的装饰就是建筑顶部一圈带着小小波澜的线脚。美琪大戏院在总体上是装饰艺术派风格，但在战争的阴影下，原本应该飞扬的竖向线条都变得迟疑。建筑转角的圆筒上方，沉重的压顶为那些欲向高空升起的竖向窗画上了终止符。如果将美琪大戏院与后面我们要看到的百乐门舞厅进行对比，就更能体察这种凝重的气息。美琪大戏院的内部仍然流露了建筑师心中的柔情：进入门厅向右，在南侧过厅尽头，一部白色的螺旋楼梯从二楼那如波浪般起伏的墙体上“蜿蜒流淌”而下，这是一抹极具感染力的弧线，瞬间让我们置身于优美惬意的艺术感受之中。

20 世纪 30 年代，范文照开始反思自己早期的折中主义 [35] 设计手法，转而提倡“一座房屋应该从内部做到外部来，切不可从外部做到内部去”（范文照，1934），这种从内而外的理念与现代主义建筑思想相契合。美琪大戏院功能合理、设备先进、外观简洁，曾在当时被誉为“远东最先进的艺术影宫”，是上海后期装饰艺术派建筑的代表作。

❶ “Majestic”之意是“威严的”“宏伟的”“王者的”……在原初设计中，此处——“Majestic”的两旁各设置一头卧狮，正是对词义的形象阐释。

❷ 建筑在道路转角的圆筒状形体采用强烈的竖向构图，条带状大玻璃窗直通屋顶，为入口大厅塑造了一个光影强烈的空间。

❸ 两侧沿街立面的构图设计不对称，不同的开窗形式使两侧过厅的室内效果各有不同。

❹ 入口大门与雨篷上方的条窗相对应，形成五组十扇的样貌。这种设计无形中弱化了入口的尺度，显得平易、低调。

❺ 底层沿街面没有设置任何商业空间，是美琪大戏院整体显得比较封闭的原因之一。

❻ 檐口女儿墙上的装饰图案细腻、繁复，与简洁的形体形成对比。

美琪大戏院公演的首部电影名《美月琪花》。这座戏院曾作为专映首轮西片的影院，张爱玲是这里的常客。抗日战争胜利后，京剧表演大师梅兰芳在此复出首秀。1954 年 8 月，上海市第一届人民代表大会在美琪大戏院举行。

ZHEN
204
樱花洗衣

16

沉默的城堡

南洋大楼（Continental Court Apartments）

地址：陕西北路 204—216 号，南京西路 1175—1185 号

建成时间：1927 年

设计：不详

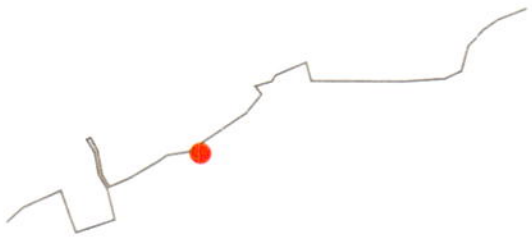

这是一栋沉默的建筑。从一条街道的沿街立面开始，相同的元素和节奏重复延展，默默地顺滑到另外一条街道的另一个沿街立面。在左邻右舍那些渴望引人注目的夸张造型对比下，它像是忘了要凸显自己，只是忠实地守护着街道的转角，将力量收敛起来。

这栋建筑其实十分精致且耐看。因为正面朝向西北向，建筑立面上缺少因阳光舞动而带来的欢愉。以上海所处的地理位置，这意味着终年无休的阴冷。潮湿的味道混合着那些带有哥特风格的装饰细部让南洋大楼像是从“蒸汽朋克”的世界里退役下来的建筑片段。要理解它的美，就需要在大雨的日子里观察。当呼啸而来的暴雨取代了明媚的阳光、激起了街道上的泥泞、在城市上空拉下灰蒙蒙的幕布时，周围那些高傲的建筑都消沉下来，而它的沉默在此时就显示出了力量。很少受到阳光眷顾的它，在大雨滂沱中挺起脊梁，那 12 根壁柱锐利的线条笔直地耸立，尽管只有四层高度，却有直插云霄的力度。屋顶上延绵起伏的雉堞 [36] 在天地灰暗之中勾勒出建筑刚健的身影。突然，电闪雷鸣点燃的那一瞬的光亮，会让人惊醒——这竟然是一座城堡啊，它守护着一扇扇映衬着摇曳灯光的窗户后面的平凡人家。

城堡造型是哥特复兴建筑 [37] 最喜欢使用的元素。城堡既是住宅，也是堡垒，还扮演着权力要塞的角色。这种安全、坚固而又令人敬畏的建筑连接着对骑士精神的假想，其象征意义从中世纪起被一直传递下来……正如加斯东 · 巴什拉（Gaston Bachelard）在《空间的诗学》中所描述的那样：“它在外表上变得越坚固，就越能担当保护者的角色。它从庇护所转变为堡垒。茅屋变成了一个充满勇气的坚固城堡，让孤独的人在其中学会战胜恐惧。”无需语言，建筑形象的力量足以让人心安。

❶ 雉堞形女儿墙是哥特建筑晚期的流行时尚。当时，不仅城堡，连庄园甚至教堂都以此为不可或缺的重要装饰部件，从而发展成为一种身份的象征。

❷ 壁柱下方的壁龛[38]为外墙面增加了一种有趣又神秘的感受。

❸ 这里以葡萄作为雕刻花饰。葡萄是西方建筑长兴不衰的装饰图案，它象征着秋天，也与生育之神和酒神巴克斯（Bacchus）相关。

❹ 建筑中央转角窗和建筑端头窗的做法略有变化，由于位于建筑出入口的正上方，因而被做成凸肚窗的形式，窗楣上方装饰盾牌。

❺ 窗楣用连续的拱檐线脚装饰，既有导水的作用，也是哥特建筑中惯用的细部做法。

❻ 哥特复兴建筑会在哥特建筑风格的基础上融合其他做法，例如这里带齿饰的装饰线脚。

南洋大楼是“南洋兄弟烟草公司”投资的产业。该公司在当时的民族资本卷烟业中规模最大。

17

“裱花蛋糕”

荣宗敬旧居（Rong Zongjing’s Former Residence）

地址：陕西北路 186 号

建成时间：1907 年（1918 年改扩建）

设计：原设计不详，改扩建陈椿记营造厂

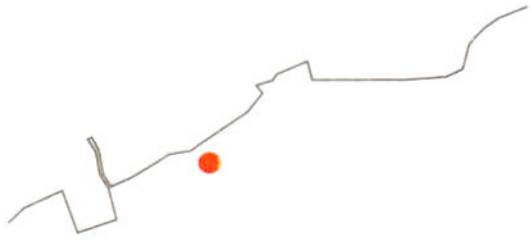

这栋建筑原为德国人托格（R. E. Toeg）的住宅，第一次世界大战后卖给了当时著名的民族资本家荣宗敬。从 1918 年起，直到 20 世纪 40 年代，此宅至少经历三次改扩建才成为今日所见的一组由主楼、副楼和八角楼组成的建筑群，其中醒目的那些部分——八角楼、柱廊和阳台等都是 1918 年之后历次加建的杰作。

在历史建筑[39]的保护和修缮中，一个棘手又无法回避的重要的问题是“建筑应该被恢复到历史上的哪一个时间点”。尽管在通常意义上，恢复一座建筑最初的面貌是较容易做出的选择，但对于这栋建筑来说，恢复托格住宅既缺少可行性，也没有必要，因为这栋楼的历史价值[40]主要是在成为荣氏住宅后形成的。因此，在 2017 年完成的建筑修缮中，并没有将其恢复到某一个具体的时间点，而是保留了历次改扩建的成果。

阅读建筑，从不同的角度会得出不一样的说法：从历史的角度看，此宅见证了荣宗敬一家 20 世纪 10—40 年代的兴衰起伏，也记录了近代上海建筑技术的发展历程；从风格的角度看，此宅似乎在追求“小确幸”。

古典复兴建筑风格不仅有充沛的细节表现力，还潜在地要求在建筑中形成一种工整的“对偶”。古典的端庄和力量，来自细节之间清晰的关联；然而，在这栋建筑中，这种关联被一种充满生活气息的展示所代替。建筑的主人显然不在乎建筑风格是否纯正统一，因此在时间跨度很大的历次改扩建过程中，每次都会使用一些当时流行的手法，让不同种类、不同风格的各种细部都有充分表现的机会，从而把建筑打造成一个漂亮的“裱花蛋糕”。这种琳琅满目，虽然有点削弱建筑的整体性，但不可否认，那刚健张扬的八角楼、无处不在的垂花饰、肆意夸张的涡卷形托座……都透漏出“喜悦的神色”，热情洋溢地表达着宅主人对生活的美好期望，这让它在风格之外平添魅力。

❶ 老楼南立面为列柱敞廊式，这是此种做法在上海应用的首例。底层采用柱身带凹槽的多立克柱式，二层采用柱头为涡卷的爱奥尼柱式。

❷ 这条线脚的样式与静安别墅中的如出一辙。

❸ 窗下的垂花饰让整个建筑显得喜气洋洋，充溢着节日的气氛。与万国体育总会俱乐部大楼中的垂花饰做对比，可以看出二者在设计上的明显差别。

❹ 经过改扩建后，由于各种历史和技术原因，难免会出现某些局部与原建筑违和的情况，例如这里阳台下的托座与阳台板的交接就很生硬，并没有尺寸上或细节上的关联。

❺ 这里的入口门廊竖向高度过高，横向宽度狭小，整体显得有些比例失调。

❻ 与入口对应的建筑部位通过细部装饰设计加以强调和凸显是设计常用的手法；但该建筑因每个入口都各行其是，细部装饰太多变化，在总体上反而显得零乱。

荣宗敬、荣德生兄弟是我国近代有名的民族资本家，曾创办茂新、福新面粉公司和申新纺织公司，是中国机制面粉和棉纺织业的巨擘。

6
1
3
2

18

营造“壮观”

华业公寓（Cosmopolitan Apartments）

地址：陕西北路 173 号

建成时间：1934 年

设计：李锦沛建筑师事务所

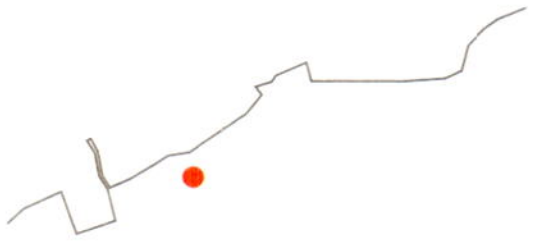

华业公寓很壮观，这种壮观来自对人观赏心理的巧妙影响。它地处一片功能多样化的区域，被淹没在周边各种样式的低层建筑之中，你只有穿过长长的巷子，并且转上几个弯，才能看到它的全貌，这时你已经离它很近了。当你猛然发现它就在眼前而不得不仰头观望时，这样的视角，让它的体量在心中被不自觉地放大。视野中，10 层高主楼和两栋 4 层高副楼形成的巨大反差更突显了建筑的气势。

华业公寓具有西班牙建筑风格，与同种风格的花园洋房常有的那种活泼与阳光不同，华业公寓在轻快中带着一份肃穆。建筑主入口朝东，规则开窗所在的南北立面仿佛有意躲开人们的视线，而那些形式相对自由的部分都被尽量安排在了入口上方的内凹面中，从而摆脱了住宅立面常有的单调感。如果你从人行天桥这样一个高度望过去，会看到在如“崇山峻岭”般的层层瓦屋面上升起的八角形塔楼，配着简单的窗洞，让人想到遥远的山峦之上那种朴素的小教堂。主楼采用收缩形态，增加了建筑体量的厚重感，把那些轻巧的拱券、饰带和铁艺衬托得像是调皮的点缀，而不构成建筑风格的显著特征。它的独特并非在于西班牙建筑风格的纯粹或彻底，而在于用体块构成了建筑的基调，风格却被淡化为一种修饰性。从这一点上看，华业公寓又显现出现代主义建筑风格的影子。

李锦沛是一位海外归来对建筑风格融合有过很多实践的中国建筑师，他在探索东、西方建筑风格兼容并蓄的设计手法上颇有心得。1931 年，他与范文照、赵深合作设计的上海基督教青年会西区新屋（西藏南路 123 号）落成，给一栋西式的高层建筑套上了中式的屋顶与细部——这是中国古典复兴建筑的代表作，也是此类风格出现在上海的最早实例。

❶ 在连通主楼和副楼的通道中，设置有坡道，由于史料的匮乏，无从考证当时的这种做法建筑师是否出于对无障碍设计[41]的考虑。

❷ 连续的小拱券饰带是西班牙建筑风格的显著特点，也是迅速识别这种风格的线索之一。

❸ 朝向东侧的大阳台是建筑立面上打破实体、营造光影的重要元素。

❹ 早期的主入口拥有巴洛克式门头，整体感觉更加浪漫、迷幻，现在已经过改造。

❺ 建筑顶层三跨半圆形券廊与装饰性小阳台，是立面上惊艳的一笔。

❻ 顶层通过双拱券窗和红瓦屋檐形成建筑立面上清晰的“三段式”。

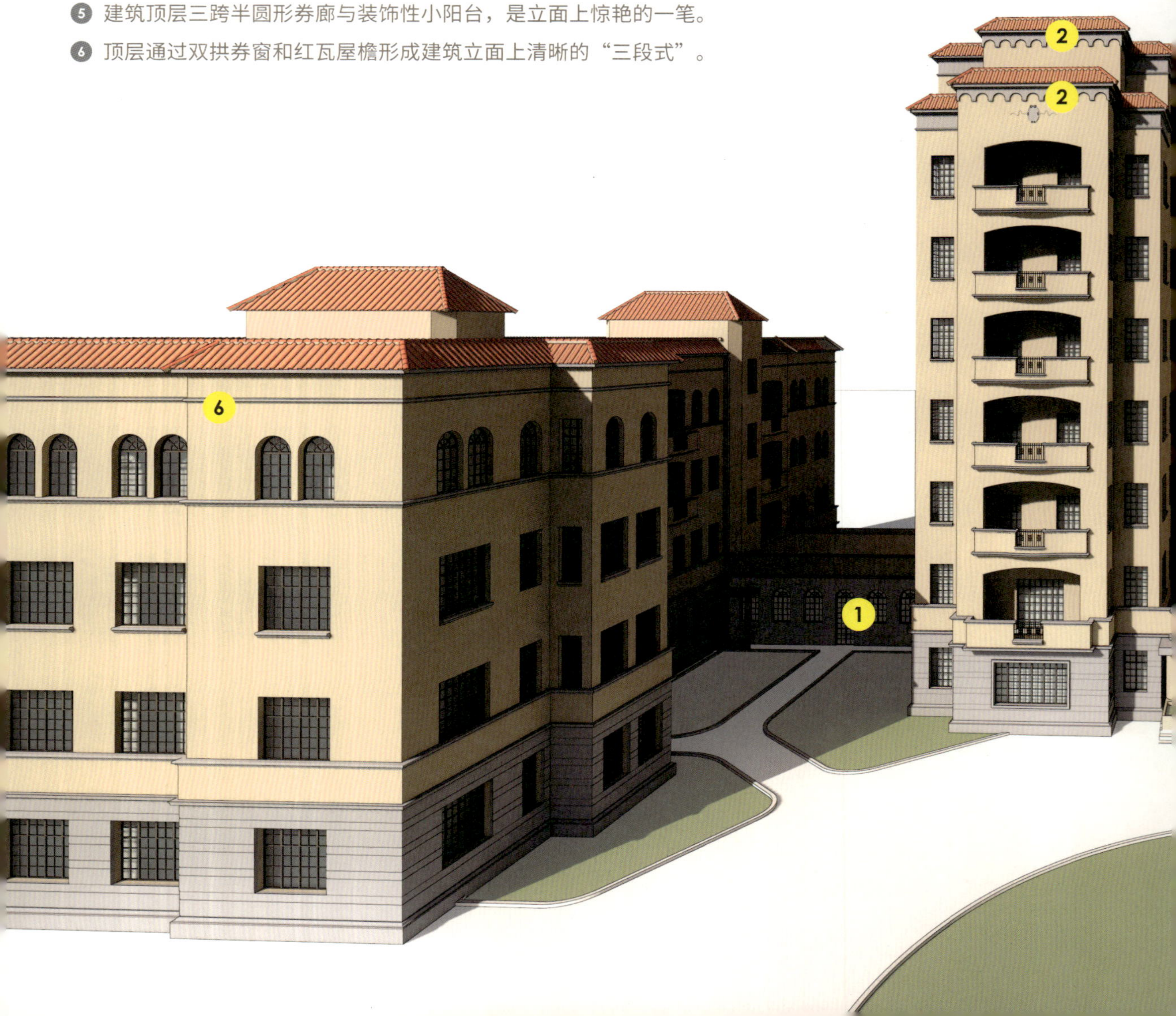

作家、戏剧家李健吾，电影演员金山、张瑞芳夫妇等曾在此居住过。

坚决打赢疫情防控的人民战争
上海展覽中心

19

闪闪的五角星

中苏友好大厦（Sino–Soviet Friendship Building）

地址：延安中路 1000 号

建成时间：1955 年

设计：安德烈耶夫、郭赫曼、吉斯诺娃

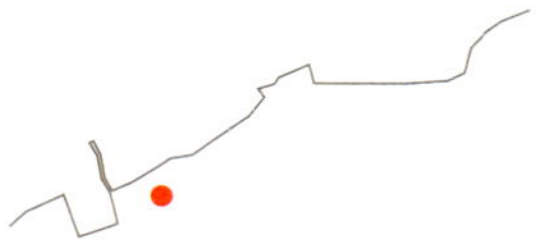

这是一座混合着理想主义与万丈雄心的作品。在建设施工的 10 个月时间里，在尘土飞扬的工地上，平均每天有 2600 人参加劳动，他们完成了 500 平方米的大理石雕刻、37 000 立方米的钢筋混凝土浇筑、120 000 平方米的内墙粉刷，以及 9800 平方米石膏花饰、40 000 平方米水磨石[42]、42 000 平方米水刷石[43]的制作。以上一切都是在使用很简陋的工具下完成的。当工人用 3 台人力绞车把重达 32 吨的尖塔升举到 109 米的高空时，那颗直径 3.5 米的五角星立时成为当时全上海的制高点——比国际饭店足足高出了 21 米。人们坚信：一个新的时代开始了。

1953 年，根据中苏两国政府协商在北京和上海各建一座“中苏友好大厦”的决定，上海市人民政府启动项目，这是新中国成立后上海的第一个大型建设项目。这座融合了俄罗斯古典主义和欧洲新艺术运动[44]风格的建筑给这座城市带来了一种全新的艺术感受。主楼是“城堡”“宫殿”“尖塔”的组合，层层叠叠向上的“冲刺”透露出自信满满。巨大而深邃的柱廊从四面八方向中间汇聚，像强有力的臂膀去拥抱广场上流连的人群。这座建筑有着严格的对称性，不容置疑地宣告自己是为“纪念”而生。直至今日，那颗“闪闪的五角星”之下，依然是沪上重要的公共空间，其磅礴的气势并未随时间的推移而消减。

中苏友好大厦所在地块原为犹太富商哈同的私家花园——爱俪园，俗称“哈同花园”，由清末著名僧人黄宗仰按照《红楼梦》中的大观园格局设计，1904 年开始建造，1910 年完工，是当时上海最大的私家园林。历经战火和各种变故后，爱俪园逐渐荒芜……1955 年 3 月 5 日，中苏友好大厦落成。当静谧的传统私家花园转变为热闹的城市公共空间时，不仅是地理风景的变化，也意味着新的象征取代了旧的传奇，它将成为这座城市发展和变迁的一个生动“注脚”。

在这座建筑建成后的10年里，共计举办了41个外国展览会，1955年3月15日—4月15日举办的“苏联经济文化建设成就展览会”是首个。据史料统计，毛泽东曾来过这里9次，周恩来曾来过21次，邓小平曾来过6次。

❶ 平面八角形的钢制塔全高 51.8 米，内部是 7 毫米厚的钢板，外面覆盖 0.8 毫米厚的紫色铜皮，镏金，重达 32 吨。

❷ 五角星标志灯采用钢框架镶嵌 10 毫米厚红色耐热有机玻璃，内装 125 只灯泡。为了散发内部热量，五角星尖端留有通风洞。

❸ 外墙面未使用昂贵的装饰性贴面，而是采用简朴的淡黄色白水泥水刷石做法营造出满眼辉煌。

❹ 大厦五层楼顶上的 4 个小角亭与中央的钢塔表面都经过镏金处理，据史料记载，共用了 17.5 公斤黄金。

❺ 建筑上随处可见的金属装饰图案具有鲜明的新艺术运动风格。

❻ 广场上的喷水池面积达 1100 平方米。

20

“中”与“西”在一起

史量才旧居（Former Residence of Shi Liangcai）

地址：铜仁路 257 号

建成时间：1922 年

设计：不详

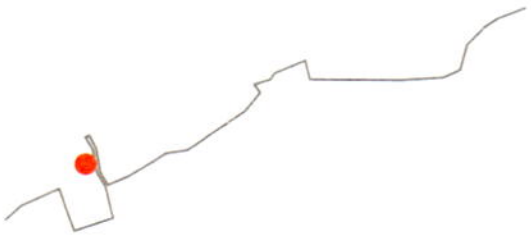

住宅风格不仅有时代的烙印，也同时显现出宅主人的喜好、品味和追求。20 世纪 20 年代建成的《申报》老板史量才在铜仁路的自宅就是一例。

《申报》初名《申江新报》，1872 年 4 月 30 日由英国人美查（Frederick Major）等筹资创刊；1907 年，被上海巨富席子佩买下；1912 年，因经营不善亏损，史量才与张謇等人合资购进。史量才担任总经理，管理该报的运营。在他手中，《申报》逐步从濒临倒闭的小报转变为畅销全国的综合性中文报纸。1926 年，报纸最高销量达 14 万份。至 1949 年 5 月终刊时，《申报》的发行时间长达 77 年，是中国近代史上持续时间最长、影响最大的报纸。在上海方言中，把报纸习称为“申报纸”即来源于此。

近代报纸对于当时西方先进文化的传播贡献巨大，“对于开阔上海人的视野、扩大上海人的认识空间，起了不可估量的作用”（张仲礼，2014）。近代中国最早采用西历的就是《申报》，在其 1872 年创刊号的头版上并列标注农历和西历。“西为中用”与“中西混杂”成为那个年代的风尚，而史量才自宅就是一个颇为典型的案例。紧邻铜仁路的主楼高 3 层，巨大的孟莎式屋顶[45]、随处可见的弧线造型、紧闭的木百叶窗等让建筑总体上带有法式乡村别墅的风情。主楼北侧的副楼，当年作为饭厅、厨房、浴室、仆人宿舍和汽车库用，虽然临街，但立面非常简化。躲在主楼西侧后方的是一栋有着歇山顶[46]、花格窗的中式房子，用来供奉祖先牌位及作为佛堂用。整组建筑显现出的是一种包容的心态——既追求西方的格调，也不放弃中国的传统。外观形象反差极大的各种功能空间被“平等”地一起展示出来，就像报纸上并列着的各自独立的专题版面。

史量才为《申报》制定的发展方向是“肩荷此社会先驱与推动时代之重责”。如果说《申报》的锐意进取代表了他思想中激进、革命的一面，那么他住宅的样貌倒像是折射了其善于协调各种纷杂的包容、中庸的一面。

❶ 据史料记载，史量才自宅当年占地很大，这个大平台南侧曾是莲花池。有趣的是，守护这栋西式洋房是一对中式的石狮子，它们被放置在平台前阶梯的两侧。

❷ 突出屋顶的烟囱与房屋内部的壁炉相连，而烟囱的数量则反映了宅主人家的经济实力。

1932 年 11 月—1935 年 12 月期间，《申报》新增建筑专刊，专门报道关于上海建筑的新闻，希望能借此"唤起民众对于筑之兴会。借以直接发展建筑业。间接巩固上海之繁荣"。

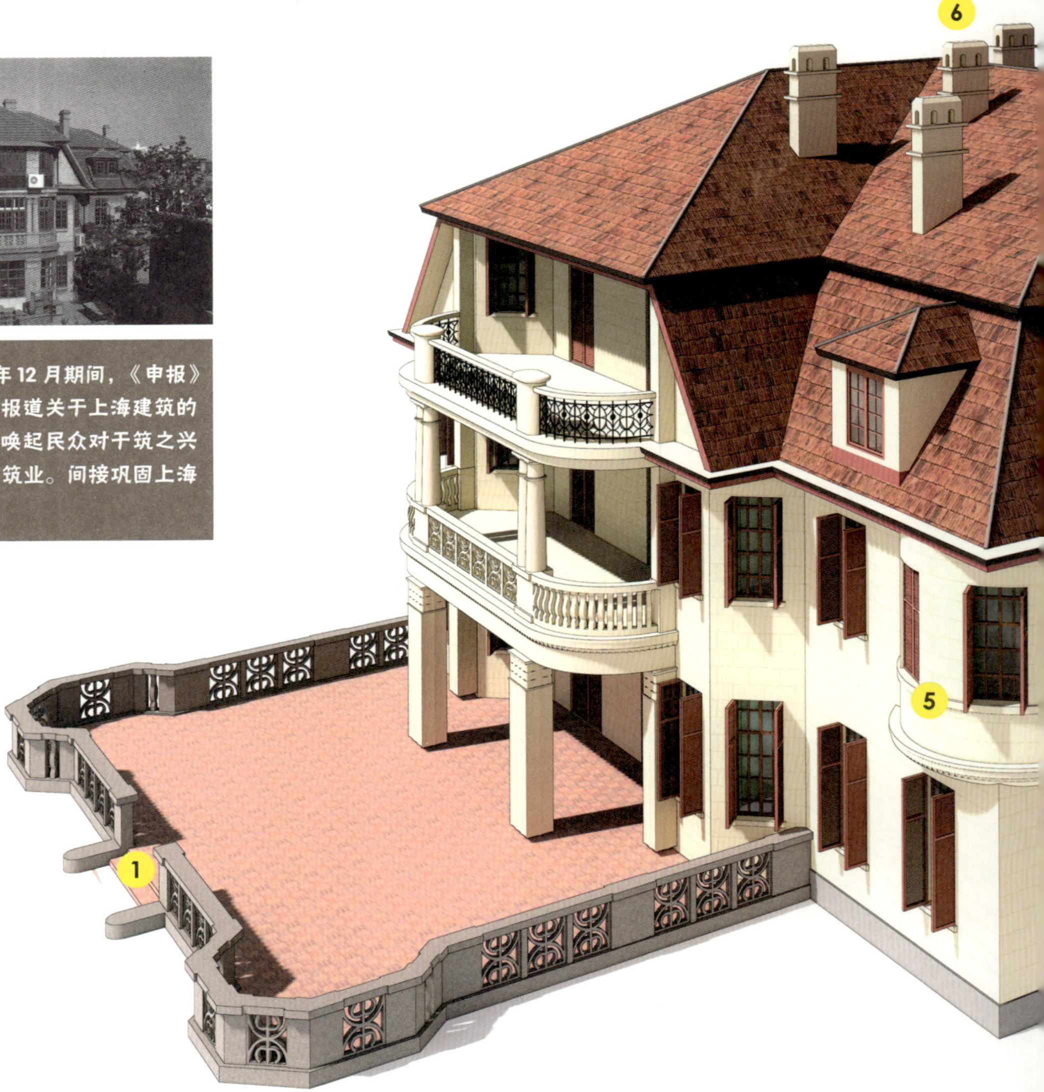

❸ 建筑顶层仿孟莎式屋顶样式，其中一侧的下部坡面被删减，打造出一处别致的露台（外凸阳台）空间。

❹ 主入口比较小，而且离副楼比较近，所以从形象上看，并不很显眼。

❺ 二楼悬挑出的圆弧形态打破了转角的生硬，不过设计师并未给予它更多的话语权，没有在屋顶上单独显现。

❻ 主楼的西北侧隐藏着一个中式传统风格的佛堂。

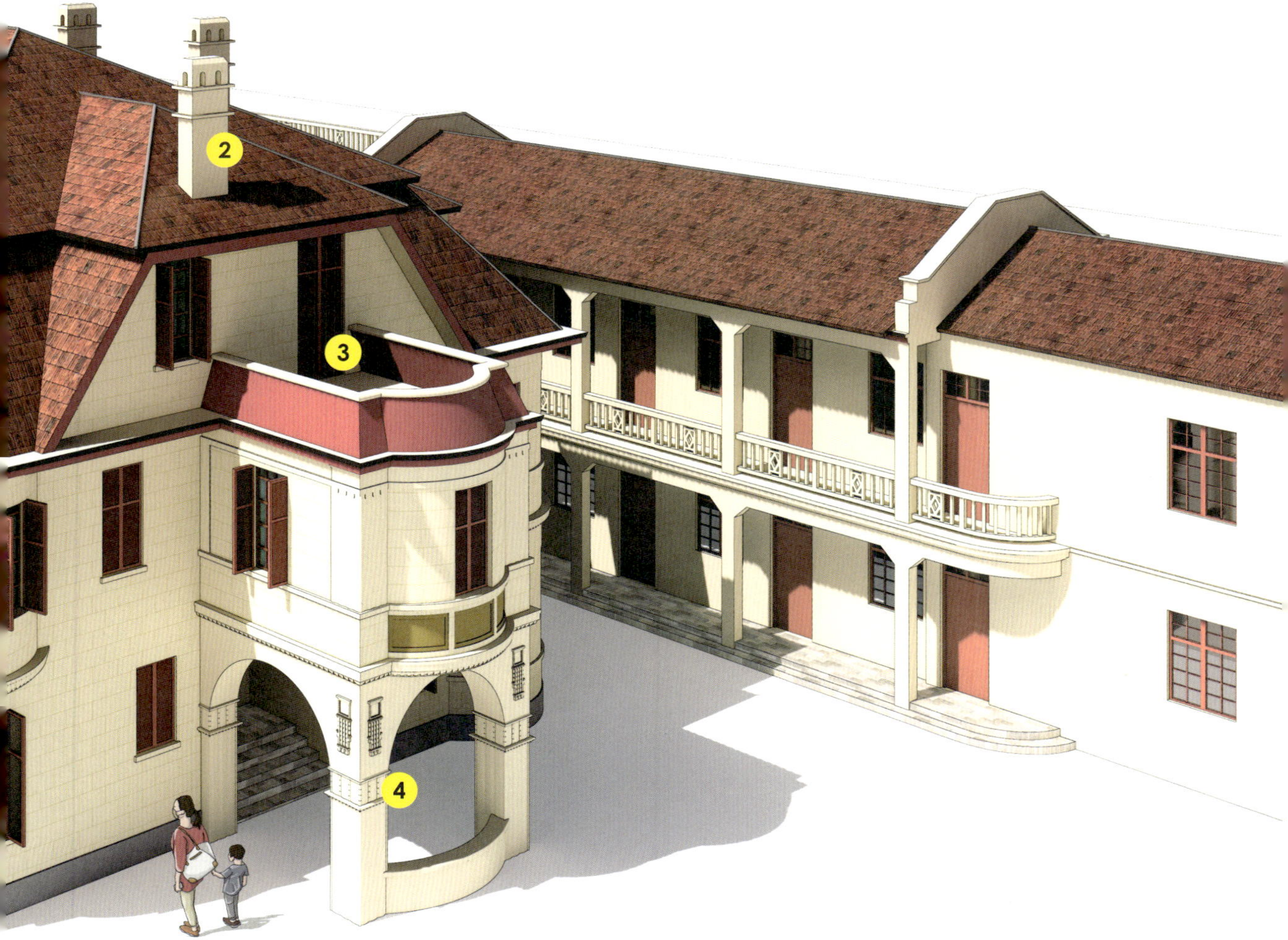

21

绿房子

吴同文宅（D. V. Woo's Residence）

地址：铜仁路 333 号

建成时间：1938 年

设计：邬达克打样行

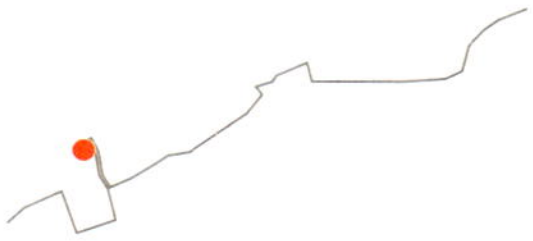

1934 年上海国际饭店的落成让邬达克作为摩登建筑师的声望到达了顶峰。世事难料，不到 1 年，由于国际银价危机的波及，中国白银大量外流，经济接近崩溃，上海的房地产投资几乎停滞。从 1935 年起的 4 年时间里，邬达克手上唯一有些规模的项目仅有这栋吴同文宅。

因为用地限制，吴同文宅不能像史量才旧居那样用几栋楼来区分不同的功能，各种不同的功能空间在高度融合中成就了建筑更加内在的力量。贴着绿色釉面砖的弧形围墙沿着道路把人带领到入口处，大门缓缓打开，一条架空车道赫然从房子的中间穿过，将住宅的底层切分成南北两部分——这种匪夷所思的思路在惯常的传统设计中是无法想象的。邬达克不落窠臼，用其大胆的创新设计颠覆了人们对住宅认知。设计得到了宅主人的肯定，而接受不落俗套的设计也隐含了志得意满的宅主人强烈的身份诉求——现代、豪横、没有羁绊的都市新贵就在眼前。

这栋建筑面积达 1689 平方米的住宅以其大片的弧形玻璃窗、巨大的观景阳台、悬挑的流线型楼梯将现代主义建筑思想的精髓融汇进简洁有力的外表之中。住宅内部更是集成了当时最先进的生活设施，不但有冷热水、煤气、暖气，还安装了电梯——成为上海私宅中的“第一家”。《中国月刊》（1939）曾赞叹：“这座属于中国颜料商吴同文的洋房，堪称整个远东地区最大最豪华的住宅之一……”据传，房子的颜色源于吴同文一直视军绿色为自己幸运色的缘故。

同那个时代的大环境相呼应，这栋房子里的生活也是中式、西式相混杂：设置弹子房和酒吧，只用玻璃进行简单分隔，二者随时可以连通一处，成为举办鸡尾酒会的共享大厅；设置中式佛堂，里面配置着旧式的木质供桌和彩绘的天花……也许，这种奇异的、并置的生活方式正是近代“上海摩登”的魅力所在。

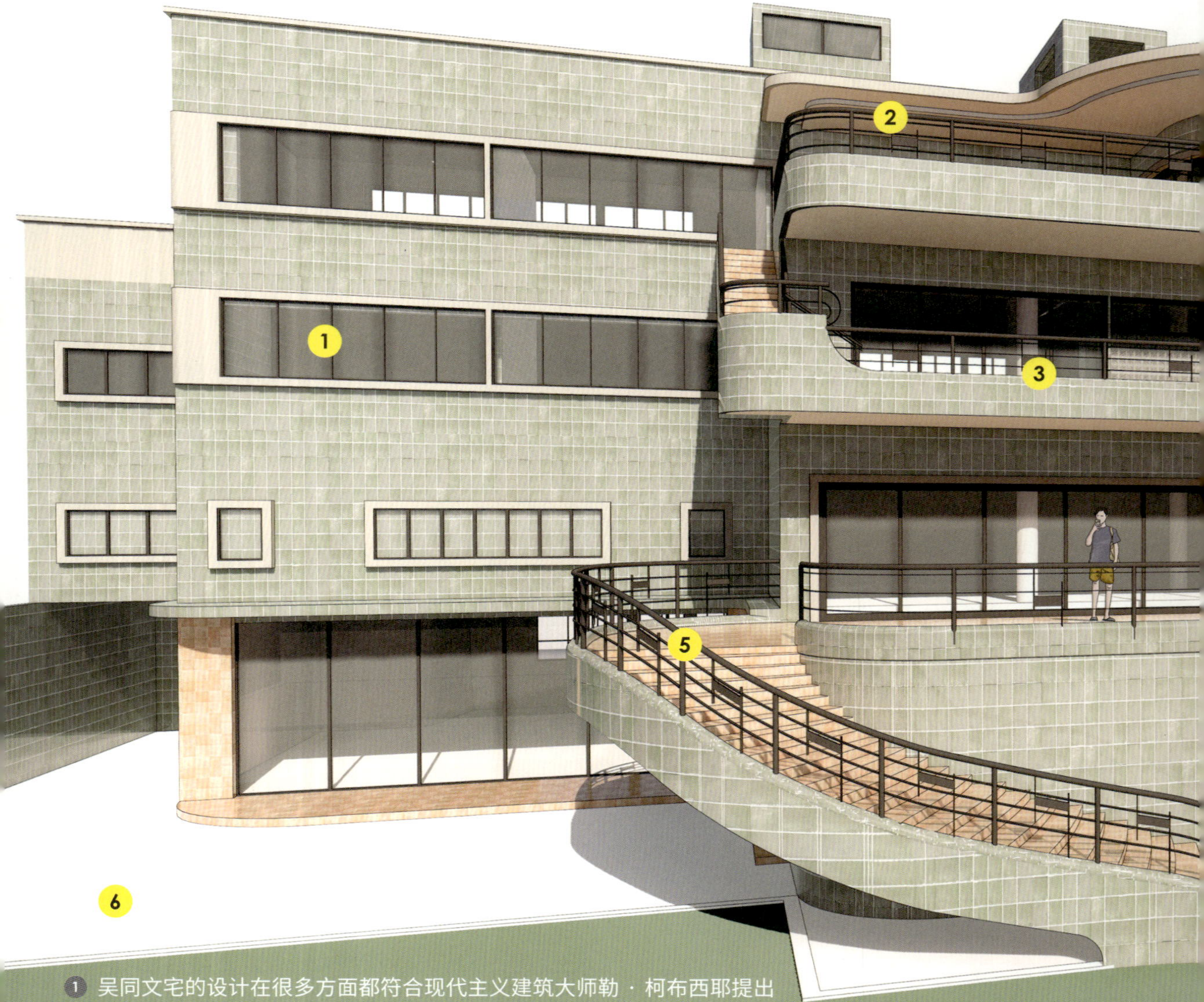

❶ 吴同文宅的设计在很多方面都符合现代主义建筑大师勒 · 柯布西耶提出的“新建筑五点”[47]：框架结构，流动空间，通长大玻璃窗……

❷ 栏杆具有装饰艺术派风格，线条灵动流畅，纵横交接恰到好处。

❸ 三、四层挑出的水平向阳台栏板带起到将圆形的阳光房和建筑矩形体量联系在一起的视觉作用，同时又与屋顶轻薄的挑檐形成对比。

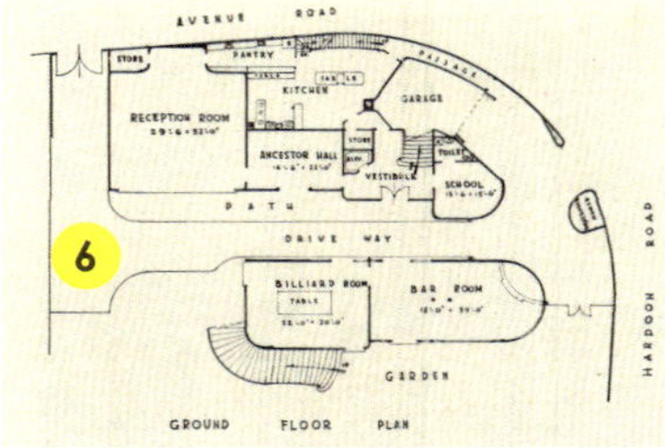

住宅内有 12 个卫生间，风格色彩各异，全部采用美国科勒洁具。科勒公司甚至当年把该建筑当作工程样板刊登在宣传册上。

❹ 建筑丰富、多变的造型来自简单几何形体的组合，大小高低错落，对比强烈。

❺ 精益求精。即使在开工之后，邬达克仍做了不少大的设计调整。室外大楼梯和弧形阳光房都是他在建筑施工期间修改设计后确定下来的。

❻ 车道沿东西向从建筑中部穿过，右转通向基地北侧的次入口。

22

孑然的身影

毛泽东旧居（Former Residence of Mao Zedong）

地址：安义路 63 号

建成时间：1910 年

设计：不详

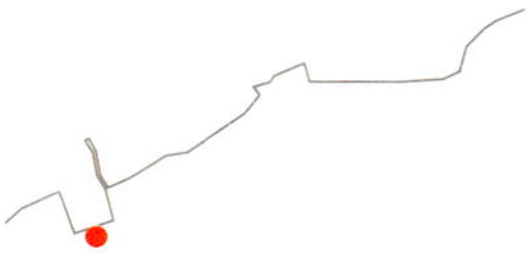

这是一栋普通的上海沿街小楼。1920 年 5—7 月，27 岁的毛泽东居住在这里，和有志之士一起研讨马克思主义，酝酿创建中国共产党，此处也因此具有了划时代的历史意义。当时，客堂间用来开会和吃饭，楼上作为卧室和办公室，二楼外廊还有一把藤椅可以用于闲暇休息。就在这普通的市井喧闹之中，毛泽东写下了《湖南人民的自决》等革命性文稿。如今，四周已遍布高耸入云的庞然大楼，这栋朴实无华的小楼巍然伫立其间，孑然的身影像是瞬息万变的潮流中那份执着的坚守。安义路在它的守护之下犹如一条潺潺小溪，从前面流过。

安义路旧名“安南路”。1910 年，犹太房地产商哈同将其爱俪园西侧的这块地开发为住宅，以安义路为分界，在南侧建造“慈厚南里”，包括 203 幢砖木结构的两层住宅和店铺；在北侧建造“慈厚北里”，包括 135 幢住宅和一个小菜场。这里的自来水和电力设施配备齐全，是当年公共租界中配套设施完整、规模最大的住宅小区。今天，曾经的历史片区已难觅踪迹，但从安义路和路边的这栋毛泽东旧居还能看出一丝昔日的肌理。

上海的里弄住宅出现于 19 世纪 70 年代，这种住宅形式脱胎于传统江南民居，早期多为木质梁柱承重的结构，与当时传入的西方的砖木混合承重体系有明显区别，因此在工部局的管理中，将它们纳入中式建筑的范畴。1901 年，为加强管理，公共租界颁布了《中式建筑规则》，在规范里弄房屋建造的同时也让这种中西结合的住宅型制得到了迅速发展。根据新中国成立后的普查统计，这种旧式里弄住宅的数量占到了上海里弄住宅的 70% 以上，在专业学术研究上，一般又将其细分为“早期石库门住宅”和“后期石库门住宅”两类。20 世纪 10 年代，正值以上两类石库门住宅的过渡阶段，慈厚南里和慈厚北里充分体现了这个阶段的特征，例如粉墙、小青瓦和木梁 + 木柱承重等做法，这些都是早期石库门住宅的特点，而每户 4 米左右的单开间、水泥地面、多种天井形式等则是后期石库门住宅的特征。

安义路毛泽东旧居既是值得纪念和瞻仰的革命旧址，也是难得的石库门住宅沿街商住混合的建筑实例，它让我们一睹了一百多年前“立帖式”[48] 两层旧式里弄住宅的真实面貌。

慈厚南里建成时，自来水还没有入户，居民用水靠给水站供应。给水站出售竹制的“水筹”，居民买筹换水，一根水筹换一桶水。当时的电费是按每幢房屋的电灯头数量计费。田汉、郭沫若等人都曾在慈厚南（北）里居住过。

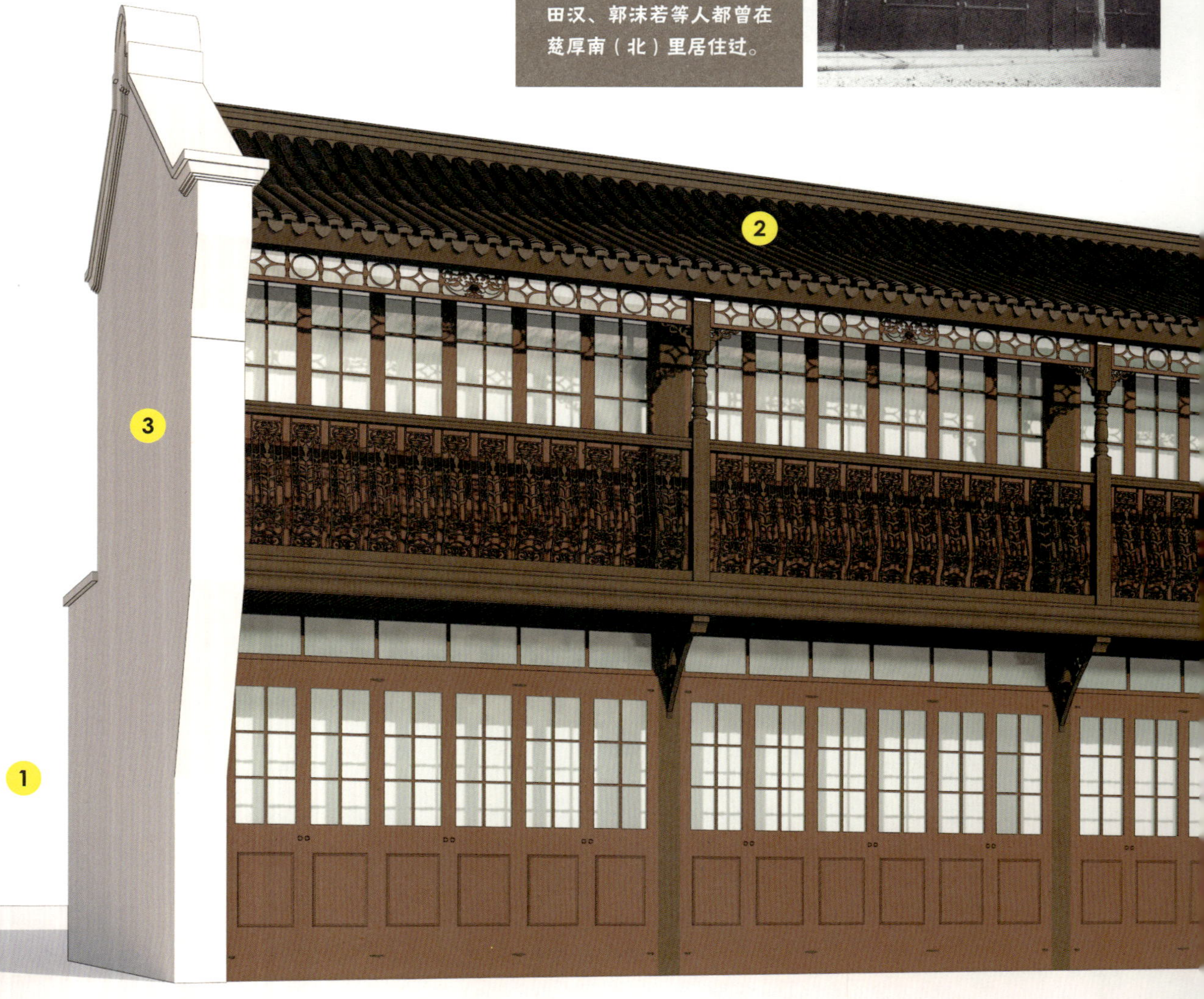

❶ 慈厚南里原有两条 3.5 米宽的总弄，南北向贯穿整个地块。毛泽东旧居东侧紧邻其中一条总弄，其南侧曾紧邻一条东西走向的支弄，宽度约 3 米，可惜现在都已不存。

❷ 屋面是中国木构建筑的传统做法，即在桁条上架椽子[49]，上铺望砖或望板，之上覆小青瓦。

❸ 墙面的抹灰材料被称为“纸筋石灰”，在中国传统民居建筑中常见。

❹ 这种机制栏杆是在车床上旋切出来的，由于制作快捷便利，很快就代替了手工雕刨栏杆，在住宅中得到广泛的应用。

❺ 18 世纪工业革命，铸铁件在建筑中得以广泛应用。上海开埠后，随着西方建筑思想和样式的涌入，铸铁栏杆很快在建筑中流行起来。

❻ 屋檐处这条长长木板的专业称谓是“封檐板”，用来遮盖屋顶椽子的端部，防止它们腐烂。

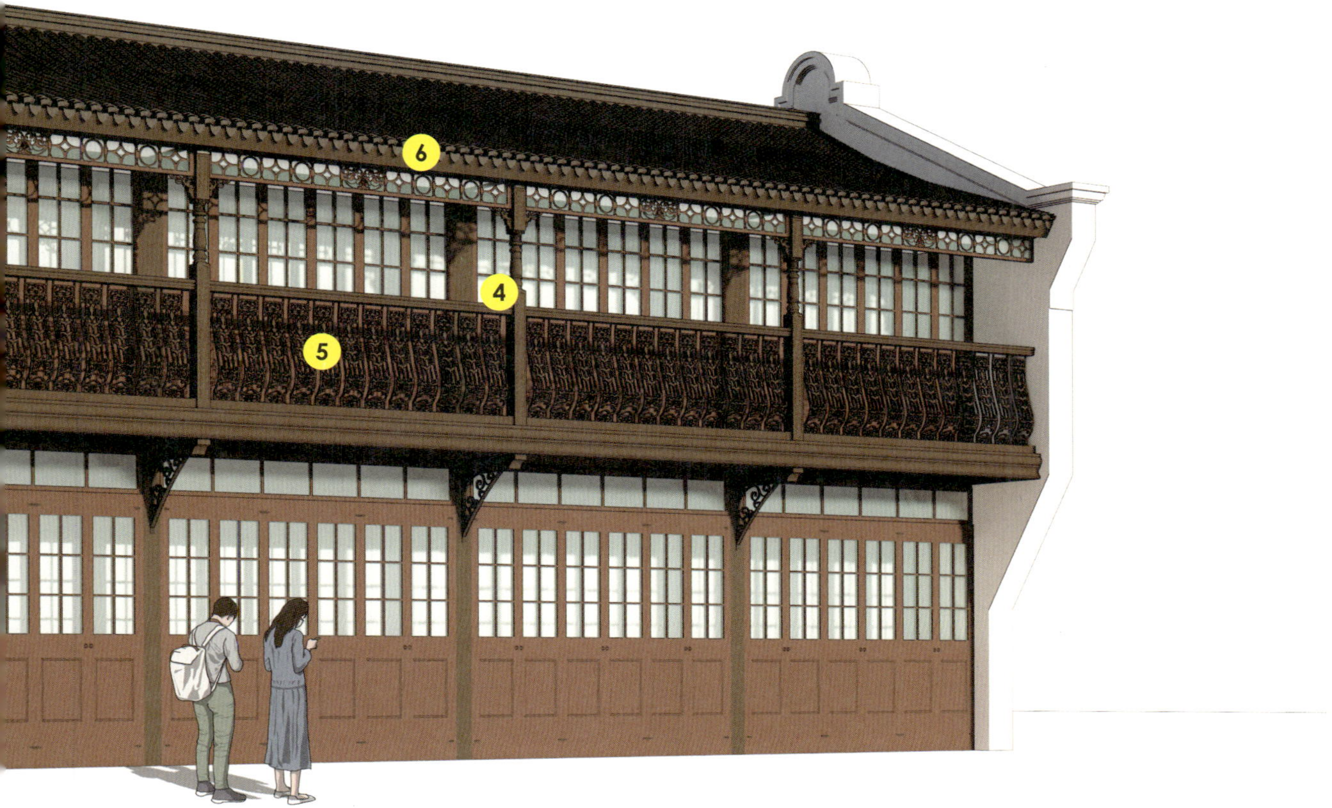

23

人间小繁华

爱林登公寓（Eddington House）

地址：常德路 195 号

建成时间：1936 年

设计：锦名洋行

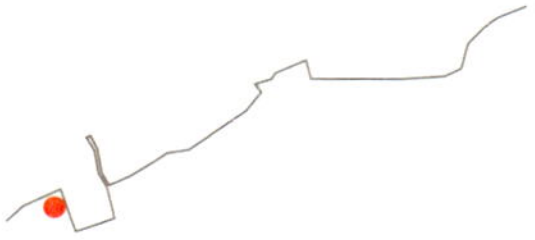

这栋建成于 1936 年的公寓因著名作家张爱玲曾在此居住而声名显赫。建筑沿着常德路展开，米白色的墙面上，窗户周围铺饰的红色瓷砖像是浅浅描画的胭红。建筑的端头，细细长长的阳台挣脱楼体的束缚，肆意地向外伸展，一道道像被卷发棒烫弯的美丽弧形使整座楼像是一名时髦女士，有些孤傲又执拗地高昂着头颈，生怕弄坏了好不容易才打理好的“一头卷发”。侧墙上那几个三角形造型的凸窗和花坛仿佛提醒着人们“这是一朵带刺的玫瑰”。当年站在顶层的阳台上往东看，“全上海在天际云影日色里，底下电车当当地来去……一种现代的新鲜明亮断乎是带刺激性。”（胡兰成，2003）

张爱玲曾在《公寓生活记趣》一书里表达了自己对“公寓”的理解：“公寓是最合理想的逃世的地方。厌倦了大都会的人们往往记挂着和平幽静的乡村，心心念念盼望着有一天能够告老归田，养蜂种菜，享点清福。殊不知在乡下多买半斤腊肉便要引起许多闲言闲语，而在公寓房子的最上层你就是站在窗前换衣服也不妨事！”

在公寓里畅快地按照自己喜欢的方式生活是一种居住在都市中才能有的体验。然而，我们要看到，公寓给人的这种自由感不仅仅是由于其地处城市中心的便利，也是基于现代建筑技术发展的结果——现代化的建筑设备是营造公寓生活舒适感的关键因素。爱林登公寓建于抗日战争爆发前，正值上海处在摩登时代的顶峰，公寓中电梯、电器、煤气、暖气和冷热水设备一应俱全。现代建筑设备能够赋予居住其中的人们一种从容应对生活杂事的力量，过上一种“干脆利落的生活”——这已成为“摩登时尚”不可分割的组成部分。张爱玲对于公寓的喜爱溢于言表：“我所知道的最好的一切，不论是精神上还是物质上的，都在这里了。”（张爱玲，1992）

3
5
2
4

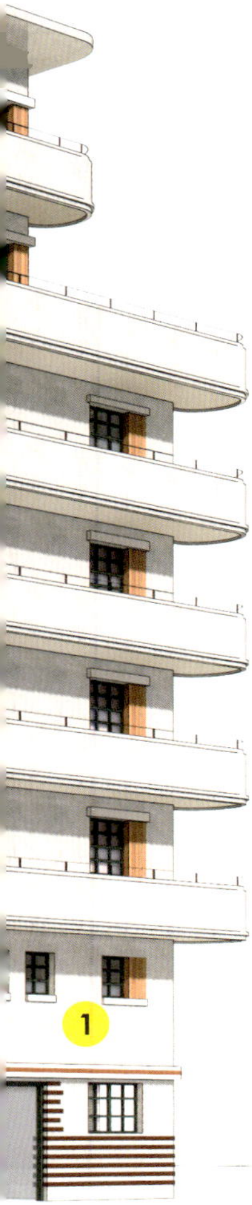

❶ 公寓底层是跃层[50]的房型，上方的这排小窗就是为此开设的。

❷ 在建筑立面上，中部竖向元素与两侧水平向元素形成对比，与麦特赫斯脱公寓相似；但爱林登公寓的体块变化更加丰富，并用阳台在视觉上形成二者的关联。

❸ 原来屋顶上是个花园，张爱玲曾在文中写这里常有孩子们在溜冰。

❹ 建筑外墙以水泥砂浆平涂处理，相比之前上海常用的水泥拉毛墙面，显得更加简洁和精神。

❺ 凸窗两侧的两个小花坛设置在大露台之外，与三角形凸窗相互映衬。

1939 年，张爱玲（与其姑妈张茂源）住在爱林登公寓 501 室；1942 年，移住 605 室。在上海张爱玲住过的公寓中，在这里的居住时间是最长的。

百樂門
LINE 2/7

24

远东第一乐府

百乐门舞厅（Paramount Ballroom）

地址：愚园路 218 号

建成时间：1933 年

设计：杨锡镠建筑师事务所

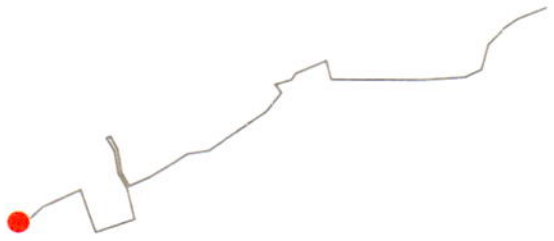

“上海是不知道夜的。”这是当年的先锋文学家蒋光慈在其名作《冲出云围的月亮》中的开篇语，这部完成于 1929 年的小说勾勒出一个不寐的上海。璀璨的灯火，在 1933 年，随着百乐门舞厅的落成，攀上了新的高峰。

它是为夜晚而生的建筑，所有不能增加灯光下效果的细节全都省略了。白天，节节向上的圆筒造型灰暗而略显丑陋；但到了热气腾腾的黄昏，白昼刻画在建筑上的倦怠转瞬化作亢奋，甚至带点疯狂，霓虹灯活过来了，刺亮逐渐暗淡的夜空……建筑浑身洋溢着不可抑制的欢乐气息，那一节一节不断收缩的形体仿佛在不停地催促着“向上！向上！向上！”——这里跳动着摩登时代最急促的舞步，闪烁灯光迸发出的火焰擦亮欲望的眸子，它要在夜晚耗尽生命力，直到又一个天明。

和跑马场、电影院、咖啡厅一样，舞厅这种公共空间是十足的西方舶来品，20 世纪，它已发展成为近代上海摩登时代的一个经典存在，并通过众多文学作品的描绘被不断地重新着色，最终留存在大众那玫瑰色的想象中。

百乐门舞厅与仙乐斯、新仙林、丽都并称为当时沪上的“四大舞厅”，它带着一种躁动，完成了娱乐建筑天生的使命：追求更炫目、更光亮、更刺激。百乐门舞厅曾是一曲浮生的舞、一场海上的梦、一片飞扬欢乐的喧声、一度纸醉金迷的辉煌……新中国成立后，百乐门舞厅曾改为戏院，后又改为影院，兜兜转转，直到本世纪初，才再次改称为“百乐门舞厅”。百乐门舞厅的起伏是其他许许多多历史建筑的缩影，在昔日的辉煌落幕之后，它们都将迎来平凡而真实的涅槃重生。

❶ 照明技术的发展，使得灯光设计成为表现城市繁荣和建筑物风格的重要手段。百乐门舞厅有顶灯、光带和室外照明，以此烘托出建筑欢娱、热烈的装饰艺术派风格。

❷ 一节节不断拔高并向内收缩的圆筒造型是建筑外观最令人瞩目的视觉焦点。传说这是建筑师做了十几个方案后才最终选定的样式。

❸ 这里做出的棱条内藏灯光，勾勒出建筑夜晚的鲜明形象。

❹ 当时，这是一栋综合性的娱乐建筑，除了舞厅，建筑的二楼、三楼还设有旅馆，底层设有餐厅、银行、理发厅以及一个商场。

❺ 建筑东侧改建加层，已非最初样貌。

“好个没见过世面的赤佬，左一个夜巴黎，右一个夜巴黎，说起来有点不好听，百乐门里那间厕所只怕比夜巴黎的舞池还要宽敞些呢！”（白先勇，2010）

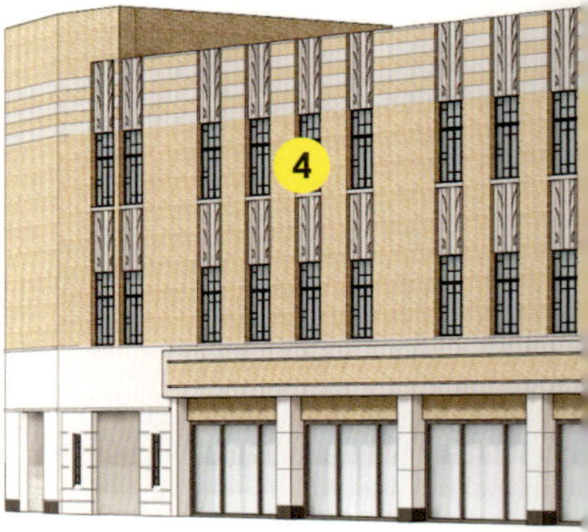

2
3
1
PARAMOUNT
PARAMOUNT
5
1

名词解释

[1] 隅石

位于建筑转角的石块，常一块块叠加成大小面交替状，用于加固或装饰。通常使用粗面石块，但也有用水泥砂浆仿石的做法。

[2] 柱廊

由以一定间隔排列并在檐部连接一体的一排或几排柱子形成的空间。柱廊可以是独立的结构，也可以是建筑的一个组成部分。

[3] 穹顶

具有圆形、椭圆形或多边形平面的半球形结构，是一种材料利用率高、抗压能力强、结构跨度大的建筑结构体系。

[4] 维多利亚建筑

指英国维多利亚女王（Queen Victoria）在位时期（1837—1901 年）的建筑。维多利亚建筑的特点是通过借鉴与吸收形成了一系列的复兴风格，在其盛期，建筑追求色彩和材料的肌理效果，从而出现大量复杂的砖砌技法和样式。对于上海近代建筑，往往将使用清水红砖墙的建筑统称为“维多利亚建筑”。

[5] 哥特建筑

这种建筑风格流行于 11 世纪末至 16 世纪中叶的欧洲，起源于法国。哥特建筑的标志性特征包括尖券、束柱、飞扶壁、肋拱、彩色玻璃窗等。“哥特”一词曾被用于特指参与覆灭古罗马的日耳曼“蛮族”之一。在文艺复兴运动时期，提倡复兴古罗马文化，因此对当时流行的反古罗马建筑风格持否定态度，称之为“哥特”加以贬斥。

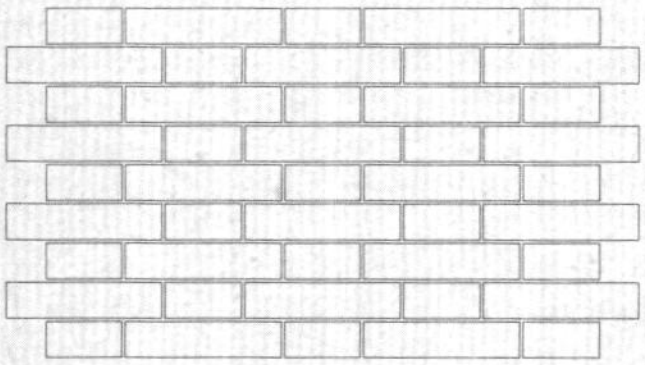

[6]

[6] 荷兰式砌法

在同一皮砖中，顺砖和丁砖交替相砌。上下皮间顺砖竖缝相互错开 1/4 砖长，同时每隔一皮的丁砖对齐。

[7] 双孔窗

把一个大的半圆拱分成两个圆头采光孔和上部的一个小圆窗。这种窗户造型也叫“威尼斯式券”，在文艺复兴时期的意大利和北欧建筑中十分流行。这种形式来源于早期哥特建筑中的一种窗户样式。

[8] 罗马风建筑

也称“罗曼建筑”“罗马式建筑”。这种建筑风格流行于 9—12 世纪欧洲基督教地区。它的标志性特征包括半圆形券（也称罗马券）、厚墙、繁重的几何装饰，在形式上有古罗马的风格，多见于修道院和教堂，后被哥特建筑取代。

[9] 女儿墙

在平屋顶建筑中，露出屋面以上的那部分墙体被称为“女儿墙”。女儿墙有挡水和维护安全的作用，有时也根据设计做出多种造型，如镂空型、城垛型等。

[10] 装饰艺术派

也称为“装饰艺术风格”或“摩登风格”等，是 20 世纪 20 年代起流行于欧美的一种艺术时尚。它从历史上各个时期的经典图像中提取元素，以洗练的手法加以几何化重塑。在时间上它与现代主义建筑同时，但并无后者那种对社会或道德的探讨，而是一种纯粹的感官意义上的创新。

[11] 马赛克

一种用于建筑地面或墙面的铺装材料。有石、玻璃、瓷砖等材质，可用水泥或其他黏合剂拼成各种装饰性图案。

[12] 茶园

清代的戏曲表演场所，通常有一座传统的戏台，戏台下设茶座，观众可以一边喝茶，一边看戏。由于每个座位只收茶钱而不另售戏票，故称之为“茶园”。1851 年，上海县城内四牌楼附近出现的“三雅园”是上海第一家营业性质的茶园，上午卖茶，下午演戏。在以兰心大戏院为代表的新式戏院出现后，旧式茶园逐步退出历史舞台。

[13] 表现主义

20 世纪初，兴起于欧洲中部的一种艺术思潮。表现主义将想象力与实用性相结合，喜欢用自由流动的、有机的形式挣脱理性主义的束缚，具有一种超越现实世界的幻想色彩。

[14] 巴洛克风格

17—18 世纪流行于欧洲的一种艺术风格，最早出现于意大利。“巴洛克”原意是“形状怪异的珍珠”——18 世纪崇尚古典艺术的人用这个词语对当时这种时髦的艺术风尚进行讥讽。巴洛克风格的建筑擅长使用曲线、变形、装饰与鲜明的色彩，追求自由、动态、神秘与富丽的视觉效果，为建筑设计开辟了新领域，对后世影响颇大。

[15] 塔斯干巨柱

塔斯干是“古典五柱式”的其中一种，形成于古罗马时期，其典型特征是柱身浑圆无槽，其柱头和檐部除线脚外没有其他装饰物，是古典五柱式中最朴素的。当柱式高度通达建筑多个楼层时，被称为“巨柱”。

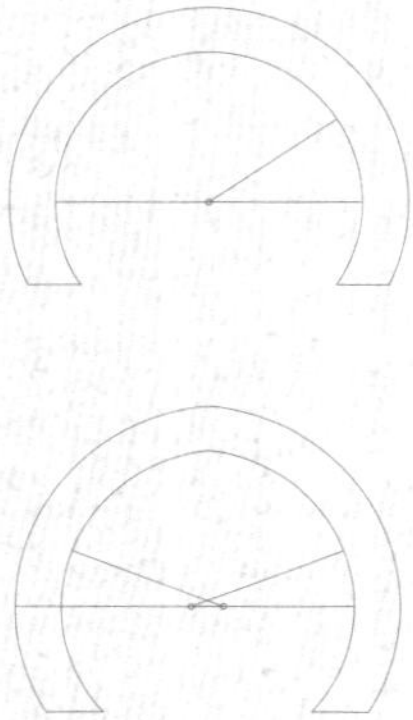

[16]

[16] 马蹄形券

一种形状似马蹄的拱券，券曲线呈现出类似圆心角大于 180°（半圆）、更向整圆趋势发展的圆弧状。是伊斯兰建筑的典型特征之一。

[17] 穆德哈尔式建筑

“穆德哈尔”（Mudéjar）是个源自阿拉伯语的词，原指“被允许留下的人”，后借用指受到阿拉伯文化影响的西班牙建筑，其典型特征包括圆顶、尖塔、由马蹄形券装饰的檐部、螺旋形圆柱、石造花格窗、黑白相间的条纹，以及镶嵌的釉面砖等。现存最著名的实例主要出现在 13—14 世纪，如阿尔罕布拉宫。

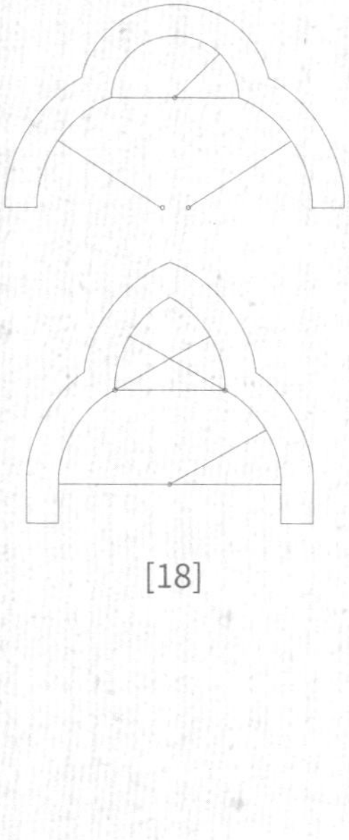

[18]

[18] 三叶形券

一种三心券，中间曲线的中心高于券底座层，形成三个显著的弧形或叶形。

[19] 拱廊

由一系列柱子支承着连续拱券形成的廊道，也称为“连券廊”。

[20] 帕拉第奥主义

安德烈 · 帕拉第奥是文艺复兴时期意大利著名的建筑师，他在所著的《建筑四书》中，系统解释了古典建筑的设计方法，并附上了自己根据这些原则设计的多种建筑图样。由于他的设计将古典原则与现实生活结合起来，为住宅等世俗建筑赋予了高贵的气质，这使得《建筑四书》成为一本很实用的古典式建筑风格的设计手册。在他逝世后的数百年间，很多建筑师从此书中汲取营养，形成一种建筑艺术风潮，称之为“帕拉第奥主义”。

[21] 帕拉第奥母题

一种中间拱券 + 两侧平券构图形式，来自 16 世纪意大利文艺复兴大师帕拉第奥设计的一种券柱式围廊。

[22] 垂花饰

建筑立面上的一种装饰，造型通常为弓形或曲线形状，以花环、水果或布匹、缎带等为表现主题。

[23] 耐火砖

用耐火黏土或其他耐火原料烧制而成的有固定尺寸的耐火材料，具有耐高温、高强度、高致密性等特点，呈淡黄色或褐色。

[24] 社区

中国社会学者在 20 世纪 30 年代从英文“community”意译而来，与随机居住在一起的群体相比，社区不仅指居住在同一地理区域内，也指人们频繁的社会交往和相近的社会价值观念。

[25] 现代主义建筑

又称“现代派建筑”，兴起于 20 世纪初，第二次世界大战前后影响到世界各国。现代主义建筑探索了新材料和新技术给建筑带来的变化，主张建造适应工业化社会要求的建筑。在设计方法上，摆脱了传统建筑形式的束缚，以功能为核心进行设计，注重建筑的实用、高效，以及空间上的变化，少用甚至拒绝装饰，因此具有鲜明的理性主义和激进主义的色彩。

[26] 私密性

经过精心设计的建筑空间可以有效使人避免来自外界的干扰，有选择地与他人保持距离。例如个人空间与公共空间的明确界分、在物理环境中进行视觉和听觉上的隔离等。

[27] 饰面砖

不起结构或围护作用，仅作为建筑表面装饰的瓷砖或砖片。

[28] 花园里弄

在 20 世纪初的上海已经出现花园里弄，而其兴盛则是在 20 世纪 30 年代后。花园里弄中的住宅是半独立式的，室内布局和建筑外观更接近于独立式私人住宅，住宅间的环境绿化尤其受到重视。虽然这种里弄的总体布局还具有类似传统里弄的成片布局特征，但其中的单体建筑已经不同于传统里弄住宅。

[29] 清水砖墙

一种砖墙砌筑方法。在砖墙面砌成后，只进行勾缝，不做其他面层。相对于外表抹灰的混水砖墙，清水砖墙对砖的质量、施工精度都有更高要求，拥有素雅的外观效果。

[30] 殖民地外廊式建筑风格

建筑在一个或多个面上布置外廊，立面为拱廊或柱廊的形式。这种建筑形式来自英国在印度、东南亚等殖民地建造的建筑样式，所以也称作“英国殖民地式”。外廊本是为适应热带气候而创造的一种形式，因此并不适合上海，20 世纪之后，上海的殖民地外廊式建筑逐渐消失。

[31] 里弄住宅

“里”字从“田”，划分界域之意；“弄”指“巷”或“衖”，即通道。“里”“弄”二字合用，指的是以纵横巷子分割出一个个居住单元。工部局将里弄住宅翻译为“Li” house 清晰地表达了这种住宅的基本特点。里弄住宅是近代上海民居的典型代表，按其演变的顺序，大致可以分为旧式里弄、新式里弄和花园里弄。建于 1872 年的兴仁里是已知上海最早的里弄住宅。

[32] 新式里弄

从 20 世纪 20 年代开始，上海里弄发生了显著的变化，其中的里弄住宅大多为 3 层，相较旧式里弄住宅开间加宽，进深变浅，户型有单开间和两开间等几种，变化较多。住宅内部增设功能，如卫生间、取暖设备、汽车间等。住宅围墙降低，大门改用铁门。此外，为了方便通车，弄巷宽度增加，主弄多在 5 米以上，支弄在 4 米以上。

[33] 旧式里弄

泛指 20 世纪 20 年代之前建造的早期里弄，其住宅形式分为早期石库门住宅和后期石库门住宅。早期石库门住宅平面采用典型的江南传统民居布局，一般为“三间两厢房”。

里弄在整体上按照欧洲联排式的住宅方式布局。由于住宅的户门惯常做成条石门框配乌漆实木门扇的样式，故称“石库门”。后期石库门住宅的占地面积缩小，一般为单开间，8—10 个住宅单元联排成一栋楼。旧式里弄的住宅大多没有设置独立卫生间，弄宽较窄。

[34] 中国古典复兴建筑

起源于 20 世纪 20 年代由国内建筑师发起的对中国建筑现代性的探索和思考。为唤起民族自信心，又有感于传统建筑无法适应新的时代需要，国内建筑师提倡建筑设计要用“中国固有之形式”与现代功能相结合。美国建筑师茂飞（Henry K. Murphy）称之为“中国文艺复兴建筑”。

[35] 折中主义

折中主义也称为“集仿主义”，19 世纪上半叶到 20 世纪初盛行于欧美国家的一种建筑思潮。折中主义认为建筑的形式与其背后的历史意义无关，不再具有精神上的象征性，所以建筑师可以根据形式美的原则，任意模仿历史上的建筑式样，或在一幢建筑中杂糅不同的建筑风格。在构图上，折中主义仍然讲究轴线、对称、均衡等古典建筑原则。

[36] 雉堞

雉堞是一种顶端呈现有规律锯齿状的护墙。凸出的墙垛被称作“城齿”，城齿之间的凹口被称作“垛口”。雉堞用于城堡或者城墙防御中的反击和掩蔽，后演变为纯装饰性元素。

[37] 哥特复兴建筑

这是 18 世纪中叶在英国兴起，19 世纪 30—70 年代得到蓬勃发展的一种建筑风格。受到浪漫主义思想的影响，哥特复兴建筑试图唤起人们对中世纪艺术的美好回忆与求索，从哥特建筑中提取包括尖券、雉堞、不规则烟囱、花格窗、拱檐线脚、塔楼等细部作为创作元素。在英国，这种风格也被称为“维多利亚哥特”或“新哥特”。

[38] 壁龛

墙面上的拱形凹处，用来放置雕像，或者只是为了增加墙面上的变化。

[39] 历史建筑

年代较为久远，具有一定历史、科学、艺术价值，反映城市历史风貌及地方特色的建筑物或构筑物等。自 2008 年国务院颁布《历史文化名城名镇名村保护条例》后，“历史建筑”成为法定概念。

[40] 历史价值

指建筑物或构筑物等作为某段历史见证的价值，对相关历史的发展有重要影响，或其本身就承载一定的历史意义。

[41] 无障碍设计

充分考虑各种类型的残疾人、老年人的使用需求，在城市建筑、交通、公共环境设施设备等处进行针对性的贴心设计，以方便所有人的安全通行和使用便利。

[42] 水磨石

一种外墙面施工工艺。将无机颜料、装饰性骨料（碎石、玻璃、石英石等）与水泥加水拌和，抹在建筑物的表面，当面层达到一定强度后，用水磨抛光等工艺做成光滑面。水磨石具有色泽艳丽、光洁耐磨的特点，这种做法又称“磨石子”。

[43] 水刷石

一种外墙面施工工艺。将骨料（石子或石屑）与水泥加水拌和，抹在建筑物的表面，在水泥尚未完全凝固前，用刷子刷去表面的水泥浆，使骨料半露，形成一种粗糙的质感，这种做法又称“汰石子”。

[44] 新艺术运动

19 世纪末至 20 世纪初遍及欧美的一场探索装饰艺术新风格的运动。新艺术运动与学院派艺术针锋相对，并为之后装饰艺术派（Art Deco）的形成起到重要铺垫作用。这种风格最显著的特点是使用优美的带有流动感的有机形态，如鲜花、藤蔓、卷曲的叶子等。新艺术运动在很大程度上只停留在形式革新的层面。

[45] 孟莎式屋顶

双折斜坡的四坡屋顶，下部坡度比上部坡度更陡。屋顶上通常设老虎窗，顶层阁楼空间宽敞。这种典型的法国设计由于建筑师弗朗索瓦·芒萨尔的成功使用而闻名。

[46] 歇山顶

中国传统建筑屋顶形式之一，看上去像是双坡顶与四坡顶的组合。歇山顶有 1 个正脊、4 个垂脊和 4 个戗脊，所以也被称为“九脊殿”。由于做法上的差异，中国南方地区的歇山顶建筑较北方四个屋角的起翘幅度更大。

[47] 新建筑五点

1926 年，勒 · 柯布西耶提出现代建筑应具备“底层架空”“自由平面”“自由立面”“屋顶花园”“水平横向长窗”五个特征，其核心在于框架结构的应用，让建筑的支撑体系与维护体系相分离。

[48] 立帖式

“立帖式”是上海民间对传统木构建筑“穿斗式”做法的俗称。建筑的构架主要由木柱、倭筒（即短柱、童柱）和小梁构成，柱距较密，柱径较细。一个完整的构架谓之“一榀”。木柱多用圆杉木，直接承受由桁条传来的屋面荷载。房屋开间尺寸即二榀构架间的间距，一般在 3.6—4.2 米。

[49] 椽子

在中国传统木构建筑中，一种按照一定尺寸间隔铺设在桁檩之上，用以承托屋面荷载的细木杆件，是形成屋顶坡面的主要构件之一。椽子的断面一般为圆或方形。

[50] 跃层

通常指在同一空间内分为上下两层楼面的户型，上下层之间的交通不通过公共楼梯而采用户内的楼梯连接。

参考文献

【1】熊月之 . 上海通史 : 十五卷 . 上海 : 上海人民出版社 , 1999.

【2】唐振常 . 上海史 . 上海人民出版社 , 1989.

【3】张仲礼 . 近代上海城市研究（1840—1949）. 上海 : 上海人民出版社 , 2014.

【4】《上海租界志》编纂委员会 . 上海租界志 . 上海 : 上海社会科学院出版社 , 2001.

【5】上海市民用建筑设计院 . 上海近代建筑史稿 . 上海 : 上海三联书店 , 1988.

【6】伍江 . 上海百年建筑史 (1840—1949). 上海 : 同济大学出版社 , 1997.

【7】郑时龄 . 上海近代建筑风格 (新版). 上海 : 同济大学出版社 , 2020.

【8】作者不详 . 上海市行号路图录 . 上海 : 福利营业股份有限公司 , 1949.

【9】龚德庆，张仁良 . 静安历史文化图录 . 上海 : 同济大学出版社 , 2011.

【10】章正元 . 静安文博钩沉 . 上海 : 上海书画出版社 , 2011.

【11】静安区地方志编纂委员会 . 静安区志 . 上海 : 上海社会科学院出版社 , 1996.

【12】静安区人民政府 . 上海静安区地名志 . 上海 : 上海社会科学院出版社 , 1988.

【13】薛理勇 . 老上海房地产大鳄 . 上海 : 上海书店出版社 , 2014.

【14】赖德霖 , 伍江 , 徐苏斌 . 中国近代建筑史 . 北京 : 中国建筑工业出版社 , 2016.

【15】克鲁克香克 . 弗莱彻建筑史 . 郑时龄 , 支文军 , 等 , 译 . 北京 : 知识产权出版社 , 2011.

【16】柯蒂斯 . 20 世纪世界建筑史 . 北京 : 中国建筑工业出版社 , 2011.

【17】马尔格雷夫 . 现代建筑理论的历史 (1673—1968). 陈平 , 译 . 北京 : 北京大学出版社 , 2017.

【18】伊贝林斯 . 19 世纪末—21 世纪初的欧洲建筑 . 徐哲文 , 申祖烈 , 译 . 北京 : 中国建筑工业出版社 , 2015.

【19】科尔 . 世界建筑经典图鉴 . 陈镌 , 等 , 译 . 上海 : 上海人民美术出版社 , 2003.

【20】李欧梵 . 上海摩登 : 一种新都市文化在中国 1930—1945. 杭州 : 浙江大学出版社 , 2017.

【21】李玲 . 铅华洗尽后的真相：近代上海外侨俱乐部建筑 . 上海 : 同济大学出版社 , 2019.

【22】胡兰成 . 今生今世 : 我的情感历程 . 北京 : 中国社会科学出版社 . 2003.

【23】张爱玲 . 张爱玲文集第四卷 . 合肥 : 安徽文艺出版社，1992.

【24】范文照 . 中国的建筑 . 文化建设 , 1934(1).

【25】白先勇 . 金大班的最后一夜 // 白先勇 . 台北人 . 桂林 : 广西师范大学出版社 , 2010

【26】王承，李铁 . 腔调依旧老洋房 . 上海 : 同济大学出版社 , 2020

致谢

在本书资料收集过程中，我得到了静安区图书馆、静安文旅、上海图书馆、外滩以西公众号等单位的帮助。在撰写过程中，李铁帮我一起做了前期调研工作；邹勋院长和胡佳妮老师在优秀历史建筑修缮上的宝贵经验对我帮助很大；朱宇晖老师和李弥老师不厌其烦地帮我辨析了一些专业术语上的差异；曾荆玉博士和黄之庆先生给我提供了资源上的支持和帮助，在此向他们一并表示感谢。

感谢路秉杰教授、常青教授、伍江教授和卢永毅教授在我大学学生生涯中的专业教导，他们对我建筑史观念的形成起到很重要的作用。感谢徐永利教授、刘茜教授和我在学术上的讨论以及在资料上提供的帮助。

同济大学出版社的武蔚编辑在出书过程中鼎力相助，她的专业与周到，让写书和出版的过程非常愉快，这是本人的幸运。感谢美术编辑完颖为本书版面所做的多次调整。

嘉品事务所的吕峰博士在写书过程中给予了热情支持，与他的探讨总能帮助我加深对上海近代建筑的理解。王玉萌帮我解决了技术上的难题，王轶所做的考证对我有很多启发，向他们表示感谢。

本书是在李蕊、叶昊星、徐总、陈后林等建筑师的帮助下完成的。正是他们专业的水准与细致求真的态度让这本书的出版成为可能，在此感谢他们的辛苦付出。

由于本人学识的局限，书中难免有错误或疏漏，希望读者朋友不吝赐教。